OHSAMA BUNKO

みるみる 運がよくなる本 スペシャル

植西 聰

三笠書房

はじめに

いつも「いいこと」ばかり起こる
運がいい人と、そうでない人。
その差は、いったい何でしょう？

答えは、意外とシンプルです。

実は、運がいい人と悪い人は、心の中にあるプラスのエネルギー量が違うのです。

プラスエネルギーが多い人ほど、たくさんの人に好かれます。人に好かれれば、仕事でも恋愛でも、トクする「いい情報」をいち早くもらえ、「いい人」を紹介してもらえ、助けてもらえ、結果的に「いいこと」がたくさん起こってきます。

逆にマイナスエネルギーが増えると、人の協力を得られず、運が悪くなってしまいます。

ですから、**“心にプラスエネルギーを増やす習慣”**をつけるだけで、たくさんの人に好かれ、どんどんいいことが起こる人になれるのです。

では、心にプラスのエネルギーを増やすには、どうしたらいいのでしょう？　**本書は、その具体的な方法を紹**

介します。どれも生活の中ですぐに取り入れられる簡単なことばかりです。

心理カウンセラーである私の体験から、恋愛や仕事の悩みを実際に解決した人たちの話を多く紹介しました。あなたと同じ悩みを抱える人も、登場するかもしれません。

"プラスエネルギーの量と運の法則"を知ると、これまでまったくの偶然だと思っていた運やツキを、思い通りに人生に活かせるようになります。

今まで見えなかったものが見えてきます。苦手だった人間関係も楽しいものに変わり、さまざまな問題もたちどころに解決されます。問題そのものが消えてしまうような不思議なことが起きてきます。

人生は、あなたが思っているよりもずっとシンプルです。

本書が、たくさんの人に好かれて愛される「運がいい人」に変身したい人の一助になることを願っています。

Contents

Chapter 1 起こることすべてが“いいこと！”に変わる面白いコツ

Chapter 2 幸運を呼び込む“すごい行動力！”をつけるワザ

3 Chapter 毎日がウキウキする“丁寧な暮らし方”のコツ

Chapter 4 ステキな人脈がどんどん増える！“人付き合い”のツボ

5 Chapter たくさんの人に好かれる“気配り”習慣

illustration　ミヤワキ キヨミ

1 Chapter

運がいい人は、
とっても面白い「考え方」をします。
この考え方をするだけで、幸運があなためがけて
とびこんでくるようになります！

「どうしたらもっと運がよくなるの？」

——その答えがここにあります。

起こることすべてが
“いいこと!”に変わる
面白いコツ

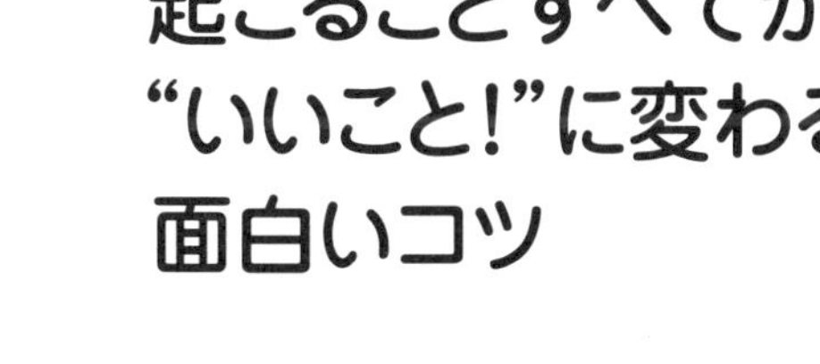

1

「運がよくなりたい！」と願うより運命を変えるこのフレーズを！

「あの人ってすごく運がいいよね」

「どんどん幸せになっていってるね！」

　こう言われている人たちと話をすると、運がよくない人とは“決定的な違い”があることに気づきます。

　それは……彼らが、

「なんか、いいことないかな」「運がよくなれないかな」

　なんて、これっぽっちも願っていないということ。

　なんと彼らは願うのではなくて、

「絶対いいことを引き寄せる！」

「必ず運がよくなる！」

　こう決めているのです。ときには、

「私は最高に運がいい！」

　と何の根拠もないのに決めつけている人までいます。

そして、もっともっと根本的な違い……それは、

“何もしないで幸せが手に入るとは、思っていない”と

いうこと。いくつもの夢をかなえていて、周囲から「超！強運な人」と言われている女性が言っていました。

「私が強運なのは偶然じゃありません。幸せになるつもりですし、自分なりに強運になる努力をしています」

どうです？　運がよくなりたいなら、あなたも今ここで決意してしまったほうがよさそうな気がしませんか。

やり方は簡単。声に出してキッパリ言うだけです。

「絶対！　運がよくなる」「私は絶対、運がいい！」

こう口にするだけで、お腹の底からものすごい力が湧いてくるのがわかるでしょう。やる気も行動力もフツフツと湧いてくるのを感じるはずです。この違いなのです。

あなたが覚悟した瞬間、人生は変わりはじめます。

“言いきる強さ”が強運を呼び込むのです。

「私は運がいい！」――言うほど力が湧いてきます。

2

「損」か「トク」か？ 迷ったら、どっちを選ぶといい？

運がいい人は、何か大事なことを決めるとき、「損」か「トク」かをあまり気にしません。

では、彼らが一番、気をつけているのは何でしょう？

自分は運が悪いというＳさんは、大学生です。何かを決めるときはいつも、「損をしないほう」を基準にしていました。たとえば友だちを選ぶなら、「ルックスがよくてお金持ちがいい。一緒にいてトクしそうだから」。選択科目を選ぶときは「単位が取りやすいほう」という具合です。でも彼女はいつも不満そう。

「カッコよくてお金持ちの友だちといても、楽しくない。だって全然、気が合わないから。選択科目は、単位を取りやすいけど、面白くない。興味がない分野だから、授業もだるい……」

彼女の心は乾ききって、マイナスのエネルギーが渦巻くばかり。

損しないほうを選んだはずなのに、なぜか毎日が退屈で、運が尻すぼみになっていく気すらします。

運がどんどんよくなる"決め方の基準"は、自分の"心"が「喜ぶか」「楽しく感じるか」どうかです。

大事なことを決めるときほど**「どっちが嬉しい？」「好き？」「居心地がいい？」「ワクワクする？」**こう、自分の心に問いかけて、耳をすませてみる。そして、もしかしたら損をしたり大変な思いをしたりするかもしれないけど、楽しくなるなら思いきって選んでいく。

一見、損なように見える問題は、自分の本心を確認するためのリトマス試験紙。好きなことなら、困難もチャンスに変えられます。必ず、最高の結果になります。

✳「損」か「トク」かで決断したら、心は砂漠に。
心を潤せば、幸運の花も満開に咲くのです。

3

今日のアンラッキーを明日の幸運に変える“謙虚さ”

運がいい人は、面白い考え方をします。

どんなにイヤなことでも、自分に責任がないと思えることでも、自分に起こった望ましくないことはすべて、

「身から出たさび」

「すべては、自分が招いたこと」

こう潔く受けとめるのです。なぜでしょう？

バイト先から一方的にリストラされてしまった女性がいました。彼女は、

「残念だけど仕方ない。仕事に対して勉強不足だった自分のせい。もっとスキルを磨いて次の仕事を探そう」

とひとしきり反省して、そのあとすぐに前向きに気持ちを切り替えて行動したのです。

その直後、彼女は以前勤めていた会社の上司の紹介で、前よりずっと条件のいい仕事に就くことができました。

もし、彼女がクビになったとき、元いたバイト先の悪

口を言ったり上司に食ってかかったりしていたら、こんなラッキーな結果には、ならなかったでしょう。

　不幸なことが起こったとき、それを誰かのせいにしたら、被害者意識が湧いてきてしまいます。そうなれば、「あなたのせいよ！」などと悪態をついてしまうでしょう。でもそんな人に、とっておきのいい情報や人を紹介したいだなんて誰も思わないでしょう？　誰かを責めて幸運の神様を自分から追い払うなんて、もったいない！

「すべては自分のせい」と考えるだけで、誰かを恨むことがなくなります。

　頭のいい人は、こうして心にマイナスエネルギーをためないようにして運を上げているのです。

“すべてを受けとめる器の大きさ”を持てば
たくさんの幸運があなためがけてとびこんできます。

4

絶対に、約束は守ってもらうべき？

恋人募集中の女性が、２人いました。

ある男性に、「友だちを紹介するよ。今度、みんなで食事しよう」と言われて、彼女たちは大喜び。でも彼は、なかなか約束を実行してくれません。さりげなく催促してもはぐらかすばかり。その様子を見て、１人の女性は、

「彼も忙しいから仕方ないよね。紹介してくれようとした心意気だけでも嬉しいじゃない。大丈夫、自分の彼くらい自分で見つけられるわ」

と人の集まる場所に積極的に出向きました。そして見事、半年もたたないうちにステキな恋人をつくりました。

もう一方の彼女は、自分では何も行動せずに、

「いつになったら紹介してくれるの？

ずっと待ってるのに、期待させておいてひどい！」

と彼に文句を言いつづけました。怒るたびに、彼女の心にマイナスのエネルギーが増えていったせいでしょう

か、私の知るかぎり、その後も彼女には彼ができていません。

人の力を借りずともできることは、驚くほど多いもの。「自力でなんとかする！」と、自分の力を信じてためしてみたら、すぐに解決するかもしれません。仮にうまくいかなかったとしても、頼まれた相手の大変さがわかれば、文句を言いたくなる気持ちは、なくなるでしょう。

運がいい人は、基本的に「自分のことは自分でやる」と決めているから、他人に期待しすぎません。

周りの人が手を貸してくれる場合も、それにどっぷりと頼りきりません。期待しなければ、腹立たしいこと自体、不思議なくらい消えてなくなります。

結果はお任せ、求めない。
あなたの周りの人が、息苦しくならないように。

5

毎日が楽しくなる“目標の高さ”がある！

運がいい人を観察すると、しょっちゅう喜んでいます。

「何をそんなに喜ぶことがあるんだろう？」

と思って、よくよく見てみると、彼らはいつも何かしらの目標を持っていることに気づきました。そしてその目標をクリアできたといって、喜んでいるのです。

たとえば、世界を股にかけるフリーライターのYさんも、喜び名人です。彼女は、なりたい自分になるために、たくさんの**“プチ目標”**を掲げて、それを達成するのを楽しんでいました。

“プチ目標”というくらいですから、そんなに壮大なものではありません。

「自分から挨拶する」とか、「10分早く起きる」とか、「週に１度は料理をする」といった内容です。

そうやって１日のうちにたくさんのプチ目標をつくるＹさんは、１つ目標を達成するたびに、「また目標をク

リアできた！」「私はやればできる人」と喜びます。

小さなことに喜んでいるだけなのに、周囲の人はYさんに対して、「なんだかいつも嬉しそうな明るくかわいい人」「よく笑っているステキな女性」という印象を持っています。

いきなりすごい目標を立てないのが、幸せの秘訣のようです。目をつぶっていてもクリアできるくらい簡単なことのほうがいいのです。

歯をくいしばって頂上を目指すより、ハッピーな気持ちになる回数を多くして登っていくほうが、勢いがついてずっと早く簡単に強運になれるのです。

どんなに高い山も１歩ずつしか登れない。
でもなぜか目標になると
それを忘れてしまう人が多いのです。

6

うっかりマイナスなことを言ってしまったら、こう取り消せばいいだけ！

どんなときも前向きでいるのは、なかなか難しいものです。余裕があるときなら、苦手な先輩にイヤミを言われても、聞き流せるでしょうが、疲れてストレスがたまっていたら、落ち込んだりついグチを言ったりしてしまうでしょう。

でも、悪口を言ったらマイナスエネルギーがたまって、あなた自身のツキを落とすことになってしまいます。

そんな事態を避けるには、うっかり言ってしまったグチや悪口を、次の言葉で打ち消してしまいましょう。

「おっと、いけない。叱ってくれる人がいるから、私は成長できる。運の神様ごめんなさい。さっきの悪口を撤回します」

すぐに気持ちを切り替えれば、運気ダウンを防げます。

「キャンセル、キャンセル！」この一言で大丈夫。

7

夢をかなえるスピードUP法

運がいい人がよく言っているのが、これです。

「やりたいことがあれば、いつまでにやるのか決める」

タイムリミットがないと、つい怠けてしまうものです。けれど、締め切りを決めるだけで、逆算して今やるべきことが意識され、自動的に夢に近づく行動がとれるようになります。

先に、やりとげる日にちを決めるだけで、脳も気持ちも、運命さえも動きはじめるのです。

明日も健康で、好きなことができるとはかぎらないから、元気に体が動く今日を大切に、精一杯生きたい。

美味しいものと同じように、夢にも、できることにも、すべてに賞味期限があるのです。

さあ、いそぎましょう！

夢もやりたいことも、熱いうちが美味しい！

8

お金をほしがるとき
絶対に気をつけたいこと

最近の書店には、「サラリーマンが○カ月で○億円稼いだ！」というような本がベストセラーになって並んでいます。

そういう世の中の流れのせいで、

「お金がないから幸せになれない」

と思っている人も増えているようです。

結論から言えば、お金はあると便利です。

ないよりはあったほうがいいでしょう。でも、お金持ちになれば必ず幸せになるかというと、それは違います。

あなたの財布の中に、どれだけお金が入っているかなんて、幸運の神様は気にしません。お札でパンパンにふくらんだ財布の人のところを素通りしてしまうこともあれば、財布がカラッポの人のところに訪れることもあります。

遺産相続で、親類と骨肉の争いをした人の言葉です。

「莫大な財産は手に入ったけど、兄弟とも親せきとも何年も神経をすり減らして争ったあげく疎遠になって、心は晴れません。恋人とも別れることになりました。

最近は体も不調で、何をしてもすぐに疲れてしまいます。

こんなことなら遺産なんて、もらわないほうがよかった。税金を払っていけるかも不安……」

これはどう考えても、幸せの神様にそっぽを向かれていると思いませんか？

いくら儲かりそうな話でも、幸せにそっぽを向かれるような可能性があるなら、やめてしまいましょう。

大丈夫です。チャンスはいくらでも巡ってきます。

お金と幸せは、別物！
お金だけでなく、幸せも願うことをお忘れなく。

9

「見た目」で一番、重要なのはこの部分

自分の外見に自信がないせいで、積極的になれないなんていうことはありますか？

好きな人ができても、容姿コンプレックスが原因で、告白どころか話しかけることもできない。

やりたい仕事があるのに、容姿が悪いから面接で落とされるような気がしてチャレンジできない。ミニスカートなんてとてもじゃないけどはけない……。

そうやって、外見のコンプレックスのせいで、やりたいことにチャレンジすることを諦めてしまっている人は、意外と少なくないようです。

もし、あなたが、「私は不細工だから、この先もきっと幸せにはなれない」なんて思っていたら、それは絶対に違うと言いたい。

いつも清潔にするなど、常識的なことをきちんとしているかぎり、目鼻の造形の美しさは幸せになるのに関係

ありません。美人でも不幸な人はたくさんいます。逆に、美人でなくたって幸せな人もたくさんいます。

しかし唯一、幸運の神様が気にすることがあります。それは**「笑顔でいるかどうか」**ということ、それだけす。これが本当かどうかは、よくよく周りの人を観察してみればわかるでしょう。

ですから、とにかく笑顔でいることです。つくり笑いでもいいので、彼に会ったら笑顔！　お給料をもらったら笑顔！　何もなくても笑顔！　毎日、鏡の前で笑顔の練習をして笑顔をあなたのトレードマークにしてしまいましょう。男性も女性も、大事なのは、造形美ではなくて**“表情美”**なのです。

髪を整えメイクをしたら、仕上げに笑顔！
ここを忘れてしまう人のなんと多いことでしょう。

10

どんな逆境も生き抜く“力強さの秘密”、教えます

運がいい人は、はたから見ると「打たれ強い」タイプが多いようです。

気の弱い人なら泣きだしてしまうような厳しいことを言われても、ケロリとしています。

新米薬剤師のＳさんもそう。

彼女の上司Ｂさんはとても厳しい人で有名で、Ｓさんにも毎日のようにカミナリを落としてきました。部屋中に響きわたる大きな声で、みんなの前で怒るのです。

でも、Ｓさんはケロリ。

「Ｂ部長は厳しい人だし、ときどき筋違いなことも言うけれど、私を怒ってくれることに感謝。

人を怒るってすごいエネルギーがいるし、怒ってもらうことで気づくことも多いものね」

とすべてを自分の成長のヒントにして、ひょうひょうとしていました。

そんな気持ちでいたので、口答えすることもありません。ときに反発心を感じることがあっても、
「不本意に思うことに耐えるのも、社会人として必要な修行だ」
とグッとこらえました。同期がどんどん辞めていく中、Sさんは着実に仕事の実力をつけ、新薬の実験を成功させるなど大活躍しはじめました。

“自分は悪くない。それでもイヤなことが立て続けに起こるときは、大きなご褒美がやってくる前触れである”

こんなふうに思ってみたら、ちょっとした逆風に折れたりキレたりすることもなくなります。

物事は、考え方１つなのです。

今の時代、タフというだけで、すごい才能なのです！

11

流れに身を任せたほうがいいとき

努力しているのに結果が出ないときや、何をやっても裏目に出てしまうようなときが、ありますよね。

最近、なんとなく彼がそっけなくて、２人の間がギクシャクしている気がしたMさん。以前のような優しい彼に戻ってほしくて、手料理をつくったり手紙を書いたり、話しあう時間をつくったり、いろいろ努力しました。

でも彼は、そっけなく言うだけ。

「オレの気持ちは何も変わっていない。心配するな」

彼の気持ちが離れてしまったのかもしれないと、不安にさいなまれていたMさんに、友人が言いました。

「恋愛って、いつもうまくいくのが当たり前じゃないよ。

ときどきそういう時期があってもいいんじゃない？

やるだけやってるんだから、彼の言葉を信じて、ゆったり構えていたら？」

その言葉に落ちつきを取り戻したMさんは、それ以来、

彼の態度に一喜一憂するのをやめることにしました。

自分らしく彼に愛情を伝えたら、それで十分と考えることにしたのです。するとほどなくして、彼との関係は以前のように戻りました。

ギクシャクの原因は、結局ハッキリしませんでしたが、2人はうまくいっています。あのとき、彼を追い詰めないでよかったと、今、Mさんは思っているそうです。

運がいい人が、年がら年中、精力的に忙しく動きまわっているかというと、そうではありません。

「今は動くときじゃない」

こう感じれば、何もせずに休むこともあります。

時流を読んで、逆風が吹いているときは無理をしない。

追い風が来るのをのんびり待つ時期も、必要なのです。

✳ 流れがきたときに飛び乗れるよう、たっぷりお休み。

12

ファッションを変えると確実に運は変わります

「あの人って、不幸そうだな」

「なんとなく、不景気な顔をしている人だなあ」

そういう雰囲気を漂わせている人のほとんどが、身なりがだらしなく、くすんだ色合の服を着ていることに気づきます。

値段がどうこうではなく、なんとなく人にあまり快い印象を与える格好をしていないのです。

明るい色の服を着てオシャレすることは、私たちの心にダイレクトに影響を与えます。

最近、ツキがないという人は、エステで肌を磨いたり美容院で髪をトリートメントしたり、オシャレな服を着ていつもよりしっかりメイクしたりすることをオススメします。

新しい洋服に袖を通した日は、ワクワクするものです。

美容院に行った帰りも、なんとなく気持ちがウキウキ

しませんか。

　自分がキレイだと、気分がよくなりマイナス思考からプラス思考へチェンジすることができます。

　そんなキレイなあなたと会う人だって、きっと嬉しいでしょう。

「オシャレな人」になることは、自分のためにも他人のためにもプラスなのです。

まずは、アイロンをかけて清潔感を意識してみよう！

13

誰も教えてくれない「負けるが勝ち」の本当の意味

「勝ち負け」にこだわらない——これも、運がいい人の特長です。

証券会社で営業をしているCさんの体験を紹介しましょう。彼女が、まだ新人だった頃の話です。

当時とても意地悪な先輩がいて、Cさんの売上成績が悪いとひどくいじめるので、彼女はその先輩を見返すためにがんばっていました。しかし、どうやっても成果は上がらず、Cさんは毎朝、毎晩、泣くほど悔しい思いをしていました。

半年以上もがんばりましたが、結果はまったく出ません。Cさんは疲れはてて、競争するのをやめたのです。

勝負を捨てて、目の前にいるお客さんのためになることだけを考えるようにしました。

以前のCさんなら、先輩のほうが売上がいいと、「なんであんな人に負けるのよ!!」と悔しがっていましたが、

勝つことにこだわるのをやめてからは、素直に、先輩のことを「すごい、私も見習いたい」と思えるようになったそうです。すると不思議なことに、みるみる彼女の業績は上がりだし、あっという間に先輩の成績を追い越してしまったのです。

なぜなのかは、わかりませんが、運の神様は競争を嫌うようです。

誰かに勝負を挑まれたり、ライバル心をむきだしにされたりすると、つい、ムキになってしまいがちです。でもこのワナにはまったら最後、“不運のスパイラル”に巻き込まれてしまいます。先を走るライバルを笑顔で応援できたとき、運はあなたに味方してくれるのです。

「負けるが勝ち」という諺《ことわざ》があるのには、
理由があるようですね。

14

金運は“早い人”についてくる！

あなたは、いつも時間にゆとりを持って行動する人ですか？　それともギリギリ派ですか？

セミナー講師をしている女性から、こんな話を聞きました。

多くのお金持ちが集まるセミナーに、彼女が講師として招かれたときのことです。講演開始時間の15分前に会場の客席をのぞいたところ、すでに全員が着席していて驚いた、というのです。

彼女によれば、たいていのセミナーは５分前になってようやく８割くらい席が埋まる感じで、ときには、開始時間を過ぎてから、続々と出席者が集まってくるようなこともあるそうです。

15分も前に来て講師の話を待ち構えているようなグループに出会ったのは、初めてだったということでした。

「話を聞く態度もとても真剣で、居眠りや落書きをして

いる人など、1人もいませんでした。

たった2時間足らずでしたが、彼らの前でお話しさせてもらって、どうして彼らがお金持ちになったのか、その理由がわかったような気がしました」

私も、同じような体験をしたことがあります。

ある成功者たちが集まった忘年会に行ったら、全員時間前に集合していたのです。

どうも、運の神様というのは、誠実な人が好きなようです。

時間にゆとりを持って行動すると、心にゆとりが生まれてプラスエネルギーがたまるために、運がよくなるのかもしれません。

20分前に行ってみたら、どんないいことが起こるでしょう!?

15

いつも上位５％に入る人のすごい「勇気」と「実行力」はどこから湧いてくるのでしょう？

　初めてのことにチャレンジするのは、誰でも少々怖いものです。たとえそれが、ずっとやってみたかったことだったとしても、

「うまくいかないかもしれない」

「失敗して恥をかくくらいなら、今のままでいいかも」

　なんて考えてしまうのが人間です。そして、なかなか最初の１歩を踏み出せないでいるうちに、次々とできない理由が浮かんできて、結局、諦めてしまう。

　よくありますね。

　こんなとき、運がいい人というのは、どんなに多くのできない理由が思い浮かんでも、それを打ち消してガンガン前に進んでいけるコツを知っています。

　その秘訣は、とっても簡単。**“できない理由”が10個浮かんだなら、“できる理由”を11個見つけるだけです。**

　できる理由のほうが多いから、思いきってチャレンジ

できるのです。

　たとえば、外資系企業に転職を希望する100人のうち、実際に転職にチャレンジする人は何人いると思いますか？

「私の英語は中途半端だし、試験に受かったとしても通用しないわ。クビになってしまうかも」などと思い、95人以上もの人が諦めてしまうのが現実です。

「英語は完璧じゃないけど、私にはやる気と根性がある。英語はこれから必死で勉強すれば、なんとかなる」

　こう考えて実際に試験にチャレンジできる人は、たった５人にも満たないのです。

本当にやりたいことをやる「勇気」と「実行力」が
あなたにはもともと、あるのです。
それを引きだす秘密を、もうあなたは手にしています。

16

望み通りに人を動かす「言葉の力」を最大限に発揮する秘訣

運がいい人や世界中の成功者たちの多くが、
「言葉にすると、それが現実になる」
と言っています。だから彼らは、多少イヤなことがあっても、すぐにそれ以上にいいことを見つけて、
「私って運がいいなあ」
と言っているのです。

つまり、自分のことを「運がいい」と言っている人たちは、「運がいい」と言いつづけることによって、幸運を呼び込んでいるのです。

そのタネあかしをしてしまうと……、たとえば「私は不幸」「私は運がいい」という２人がいたとします。

もしあなたが一緒に仕事をするとしたら、どちらの人としたいですか？　きっと、重要な仕事ほど運がいい人を選びませんか？　かしこい人は、あえて「私は運がいい」と宣言することで、まるでパワフルな掃除機で集め

るように、いい話を寄せ集めているのです。

「言霊《ことだま》」という言葉もあるように、言葉にはエネルギーがあります。だから幸せになりたければ、

「私って運がいい！」

と考えて、口に出すことが大切なのです。

最初は、自分１人のときにつぶやくだけでも構いません。慣れてきたら、ぜひ人前で言ってみてください。さりげなく、ちょっとしたことからはじめてみましょう。

「あっ、信号が青だ、運がいい！」といった感じです。

人に聞かせることで、その力は２倍にも３倍に強くなるのが、言霊なのです。

尾ひれ背びれがついて、ウワサ話が大きくなるように
たくさんの人の前で発せられた言葉には、
それだけ大きな力が宿ります。

2 Chapter

どんなことが起こっても、
驚くほど楽天的に受けとめるから、
いつも心ウキウキ、足取りも軽い！
チャンスも素早くキャッチする。
ポジティブ発想の秘密を大公開！

幸運を呼び込む
“すごい行動力!”
をつけるワザ

17

“いい気持ちの素”をいっぱいコレクションしよう

人間には、バイオリズムがあります。

特に不安なことやイヤなことが何もなくても、脳内物質やホルモンのせいで、ふいに悲しくなったり寂しくなったりすることがあるのが、普通です。

どんなに運がよさそうで明るく見える人だって、24時間、ハッピーな出来事に遭遇しているわけではありません。

ただ彼らは、自分１人でできる、暗い気分を晴らして悲しい気分からすぐに抜け出せる方法を知っています。

ですから、たとえ「なんとなく悲しい」という日でも、誰かに八つ当たりしたりグチを言ったりすることなく、気持ちをポジティブに回復させられるのです。

自分１人でもハッピーになれる方法には、どんなことがあるでしょう？

たとえば、お気に入りのＤＶＤを見たり、近所の公園

に行って散歩中の犬たちを眺めたり、キャンドルを灯してお風呂にのんびりつかりながら小説を読んだり……。

特に、次のような体を動かすことや五感にうったえることは、脳に幸福感をもたらすホルモンを出すので効果大です。

・おいしいものを食べる

・大好きな香りをつける

・足ツボマッサージやエステ、美容院に行く

・大好きな音楽、映画を見る

・お気に入りのカフェや公園に行く

心がウキウキとするようなことをたくさん見つけておいて、ブルーなときにぜひためしてみてください。

“心地よくなる特効薬” は、
たくさんつくっておけばおくほど、安心です。

18

いつも神様に守ってもらえるようになる条件

あなたの周りにいる、「あの人は運がいいなあ」と思う人の顔を、思い浮かべてみてください。

……何か共通点がありませんか？

どの人の顔も、ニッコリと笑っているのではないでしょうか。

運の神様は、笑顔が大好きです。

「笑う門には福来たる」という諺もあるように、笑顔は運を呼び込むためのスイッチです。

「そんなに単純なはずないじゃない」と思うなら、ためしに今、口の両端をキュッと上げて笑顔をつくってみてください。どうです？　さっきより、少し気持ちがハッピーになったでしょう。

それは笑った拍子に、幸運の神様があなたの心の中にヒョイッと入りこんだからです。

あなたが笑顔でいる間は、体の緊張がほどけて免疫力

が高まり、どんなストレスにも負けません。

もしあなたが、普通の顔をしているのに、

「ねえ、何か怒ってる？」と聞かれることがあるタイプなら、幸運の神様からは好かれません。

「笑顔が得意ではない」なら、今日から鏡の前で笑顔の練習をはじめましょう。まずは30秒、笑顔をキープしてみるのです。

あなたがつくった笑顔の分だけ、幸運がやってくるのです。

笑って笑って！
笑顔をつくった瞬間に、幸運体質になれるから！

19

24時間を100倍効率よくつかってみませんか？

運がいい人は、時間のつかい方がとても上手です。それは、１度にいくつもの仕事をこなすとか驚異的にスピードがあるというわけではなく、“無駄”がないのです。買い物をするにしてもトイレにしても、早いのです！　パッパッ。

大学卒業後に起業し、今ではハッピーなセレブ生活を送っている女性Ｆさんが、こんなことを言っていました。

「何かをするとき、私は迷うということがありません。やるか、やらないかを判断するのは、ほんの数分です。

やってみてダメならやめればいいんです。

私にはやりたいことがたくさんあるので、時間がいくらあっても足りません。だから、迷っている時間がもったいないと思うんです」

Ｆさんは、他にも時間をかしこく有効につかう秘訣を教えてくれました。

「新しいことをはじめるなら、**最初はプロについて習ったほうが、結果的に早くマスターできます**」

「5分あれば、本を読む」

「**情報は、すべて1冊のノートにまとめます。**ノートを探す時間がもったいないから」

「**メールは、読んだらすぐ返す。**あとでもう一度読み直す時間がもったいないから」

「人に頼んだほうが早く終わるときは、人にお願いする」

たしかに、ダラダラと何もせずに1日を過ごしたり、「ヒマなんだよねー」などと言って、何時間もボーッとマンガを読んだりしている姿は、運がいい人には似合わない気がします。それは彼女たちが、いつも何かしらの行動をしているからなのでしょう。

1分以内に決めてみる!
そして1日、1日を大切に過ごす!

20

大事なことが一気にわかる「するどい質問」

1日24時間を効率よくつかうには、どうすればいいのか、思いつかない人も多いでしょう。

そんな人は、こう考えるクセをつけるといいでしょう。

たとえば、夜中にマンガを読んでいるとき、週末にテレビを見ているとき、

「今私がやっていることは、何の役に立つのだろう？」

と考えてみるのです。それで「疲れが取れる」とか、「心から楽しみにしていた」という回答が出てきたならいいのです。でも、

「ただ、なんとなく……」

「そういえば、何の役にも立っていないかも」

「早く寝たほうが明日の仕事のためになるけど……」

「週末はせっかくまとまった時間が取れるんだから、部屋の掃除でもするか」

などという思いが浮かんできたら、それは時間を無駄

にしていることになります。

何の役にも立たないことのために、どれほどの時間をつかっていることか、気づいていない人がほとんどです。運がいい人は、いつも目的意識を持っています。ですから同じ１時間で何倍もいい結果が出せるのです。

ダラダラするときも、無意識にダラダラするのと、「今日は何もせずに休息しよう」と決めて休むのでは、気持ちや体の休まり方に大きな違いが生じます。

今、自分がしていることの意味を考える。ちょっと頭をつかうだけで、あなたの24時間は何倍も価値あるものになるのです。

仕事中も、恋愛中も。
「何のため？」と思うだけで、成功スイッチが入ります。

21

好きなことを我慢しないで楽しむと他のことまでうまくいく不思議

　自分が「好きなこと」で、それが誰の迷惑にもならないことなら、周りの目をあまり気にせずに、どんどん行動に移してみてください。

　たとえば、登山が好きな女性Ｒさんは、週末のたびに学生時代の仲間と山に登っていました。

「よくやるねえ。危ないからほどほどにしたら？」

　いくら周りに言われても、まったく気にしません。

　そんな彼女は、運がいいことでも有名でした。ほしいと思っているものをプレゼントされたり、懸賞に当たったり、そんな小さなラッキーなら数えきれません。

　彼女は言います。

「私は登山をしていると幸せで幸せで、心にプラスのエネルギーがどんどんたまっていくのを感じます。

　案外これが、いい出来事を呼び寄せているのかもしれないですね」

好きなことを我慢して毎日をストレスだらけで過ごしているより、思いきって自由にやりたいことをやったほうが、結果的に他のこともうまくいきます。

あなたにも、それをしているとワクワクする大好きなことがあるなら、我慢しないでどんどんやってみてはいかがでしょう。

ワクワクのエネルギーがたまるにつれ、いいことが呼び寄せられるはずです。

食べたいものを食べるほうが、かえってやせる。
やめたくなったらやめるほうが、かえってはかどる。
不思議だけど、そういうことってあります。

22

“押さえるべきところ”を間違えていませんか？

ある女性が、泣いて相談に来ました。原因を聞くと、

「授業の単位を落としてしまったんです。

サークル活動の資金を稼ぐためにバイトに励んでいたら、テストで落第点を取ってしまって。

両親がサークルをやめなさいと、ものすごく怒ってしまっておさまらないんです……」

彼女は、優先順位を意識せずに行動してしまったのです。サークル活動は、大学生活あってのものです。サークルが大事なら、バイトをがんばる以上に勉強をがんばることを優先すべきだったのです。

“何が一番大切なのか”を考えて行動する。

運がいい人は、このあたりの考え方が上手です。

たとえば、3度のご飯よりスノーボードが大好きな作家のNさんは、どんなに仕事が大変でも、毎年3回は休みをとってスキー場に行っています。

ときには仕事を断ってでも行きます。スノーボードを我慢して仕事をしても、結局は集中できずに周りに迷惑をかけることを知っているので、仕事を断るのです。

「私にとってスノーボードは元気の源です。

行くと元気が出て、仕事もはかどります。だから迷惑をかけないかぎり、スノーボードを優先させると決めているんです。もちろんそのために、日頃から仕事もがんばっています」

Nさんは、いつも笑顔で溢れています。自分の大切なことを優先して生きていると、ストレスがありません。でもそうするには、ちゃんと押さえるべきところを押さえておく必要があるのです。

たとえば、ダイエット。
いくらやせても病気になってしまっては
元も子もありません。

23

辛い、怖い…は、無理にしなくていい！

運がいい人は、自分を大切にします。

自分を痛めつけるようなことをしません。自分の心が嫌がるようなことを、無理にすることがないのです。

たんなるわがままとか、怠けているというのではなくて、何かを得るためにしなければいけない努力や我慢はするけれど、“意味もなく辛いこと”をするのは避けるということです。

ジェットコースターなど、スピードの出る乗り物がとても苦手なTさんという女性がいました。

Tさんによれば、怖いというより、「これに乗ってはいけない」と本能のようなものが乗るのを止めているということでした。

「友だちと一緒に遊園地に行けば、『一緒に乗ろうよ』と誘われます。それで過去には何度かチャレンジしたこともありました。でも、乗ったあとは心臓が怖いくらい

にバクバクして、生きた心地がしませんでした」
　それ以来、やっぱり自分にはこういう乗り物は合っていないと確信し、誘われても無理に乗るようなことはしないと決めたそうです。
「少しスピリチュアル系の話になりますが、もしかしたら前世で何かあったのかもしれないと思っています。バカバカしいかもしれないけれど。でも、そうでなくても、心が嫌がることを無理してすることはないですよね。私は自分を大切にしてあげたいんです」
　誰にも迷惑をかけないなら、心が嫌がることを無理にしなくていいのです。

できないこと、苦手なことがあったっていい。

24

夢をかなえる
１週間プラン、１カ月プラン

運がいい人は、１時間のつかい方が上手なのはもちろん、１週間とか１カ月といった、もっと長い目で見た時間のつかい方も上手です。

たとえば何かを本気で成し遂げようとするとき。

運がいい人は、数週間から数カ月、集中する時間を設けて一気に目標をかなえてしまいます。

たとえば、「海外旅行に行きたいなあ」と思ったとしましょう。すると、「ようし、今週中に全部手配を整えてしまおう」という具合に期間を決めて、行先を選ぶところからホテルや飛行機のチケットの予約まで、一気に片付けてしまうのです。

集中する期間がもっと長いときもあります。

たとえば、「英会話をマスターしたい」というような大きな目標の場合は、「今日から半年間を英語強化月間として、徹底的に勉強するぞ」と決めます。

「恋人をつくる」といった、さらに大きな目標の場合も、ただ、「彼がほしいな～」と恋人のいる友だちをうらやましがるのではなく、“絶対に今年中に”と期間を決めて、できるだけたくさんの人に会える場所に出かけたり紹介を頼んだりして、あらゆる出会いのチャンスをつくっていきます。

虫めがねで光を集めれば火も起こせるように、ある程度の時間、気合いを集中させるのが何か大きなことを成し遂げるコツです。運がいい人は、そこをちゃんとわかっているから目標に集中する期間を設けるのでしょう。

意識を集中させて本気で動くから、どんどん自分のやりたいことを現実にしていけるのです。

今週は「○○週間」。今月は「○○月間」。この集中が、効率よく夢をかなえるコツ。

25

人のためになることをすると、こうなります

運がいい人とは、心にプラスエネルギーをいつも満タンにためておける人です。

心にプラスエネルギーをためるのに、とても効果的なこと――それは、**人のためになることをすること。**みんなでつかう共用部を掃除し、ゴミ拾いをするなどというのは、その代表でしょう。

私がやらなくても誰かがやるだろうとみんなが思っているけど誰もやらないことを、思いきってやってみるのです。

あなたの周囲に、誰もやりたがらない仕事や用事はありませんか？

たとえば、ちょっと怖い先輩に頼みごとをするときなど、どうでしょう。きっと誰も行きたがらないのではありませんか？

「今日はちょっと、別の用事があるから……」

「私は無理。だって、先輩に嫌われてるもん……」

みんなが逃げ腰でいるときに、あなたが「私がお願いしてみるよ」と言えば、みんなホッとしてあなたに感謝するでしょう。

周りの人に感謝されることで、あなたには満足感と自信がたっぷり湧いてくるはずです。

心はたくさんのプラスのエネルギーで満たされます。

続けるうちに、あなたの運気だけでなく人気も確実にアップするでしょう。

お返しなんて何も期待しなくていいのです。

1人よ2人、2人より3人。
大勢のためになることをするほど
巡り巡ってビッグな幸運が返ってきます！

26

料理の決め手はひと振りのスパイス。“幸運の決め手”になるスパイスは？

心にプラスエネルギーをためる具体的な方法に、**“少しだけ余分な仕事をする”** というのがあります。

余分な仕事といっても、大げさなことをする必要はありません。ポイントは、ふつうなら「この程度でいいだろう」と考えるところに、もうひとてま加えることです。

たとえば、ある商品の売れ行きデータを調べるよう頼まれたなら、ただその商品のデータだけを調べるのではなく、類似品のデータも調べておくなどすれば、きっと喜ばれるでしょう。

「お茶をいれてくれる？」と頼まれたら、お茶に小菓子を添えて出せば、上司は思いがけず嬉しい気持ちになるはずです。

職場にかぎったことではありません。

友だちや恋人から借りたものを返すときに、カードにお礼の言葉を一筆添えたり、相手の興味がありそうな本

やＣＤを一緒に貸してあげたりするのも、ひとてまかけたといえるでしょう。

何かを頼まれると、多くの人は必要最低限ですませてしまいがちです。でも運がいい人は、用事が終わると、**「何かほかに、できることはないかな？」**と考えたりたずねたりします。

ちょっとオマケしてくれるお店にたくさんお客さんが集まるように、人を喜ばせるひとてまが、たくさんの幸運を連れてくるのです。

✳今日は、どんなオマケの仕事をする？

27

相手を不快にさせない！ちょっとした雑談も面白くなる工夫を

運がいい人と一緒にいると、なんだか楽しくなるものです。そして、また会いたくなってしまいます。

その秘密は、彼女たちの言葉のつかい方にあります。

マイナスの意味を持つ言葉や、ネガティブな印象を与える言葉をほとんどつかわないのです。

そのかわりに、相手が聞いていて気持ちよくなる言葉や、ハッピーになる言葉を多くつかいます。ですから一緒にいる人は自然と気持ちがポジティブになり、笑顔が増えていきます。

「この人と話していると楽しいなあ」と、好感を抱くようになります。

プラスの言葉とは、**好き、嬉しい、面白い、キレイ、楽しい、ワクワクする、美味しい、上手、幸せ、気持ちいい、OK、ありがとう**……といった言葉です。

口に出すだけでもなんとなく心が軽くなるのを実感で

きるでしょう。これが、プラスの言葉の持つパワーです。

反対に、マイナスの言葉には次のようなものがあります。嫌い、苦しい、悲しい、痛い、まずい、下手、イヤ、気持ち悪い、最悪、困った、無理……。

おそらく見ただけでも、なんとなく暗い気持ちになるでしょう。それほど言葉は、私たちに大きな影響を与えているのです。

プラスの言葉をつかう人の心には、自然とプラスのエネルギーが増えていきます。

そこに、運の神様がやってくるのです。

今日1日だけでも
プラスの言葉だけをつかって話してみませんか。

28

キャリアアップを約束する“話し方”

　マイナスの言葉をつかうと運が悪くなりますが、中でも特に注意したいのが、自分を卑下《ひげ》する言葉です。

　自分はどうもツイていない、という人の口グセを調べてみると、自分を卑下するような言葉をつかっている人が多いのです。

「私なんて、どうせできない」

「私には、何の才能もないから」

「私なんてダメダメ。小さい頃から何をしても失敗ばかりなんだから」

　そんなふうに自分を否定すると、心にマイナスエネルギーがたまってしまい、どんどん運気が落ちてしまいます。言っている本人は、謙遜のつもりなのかもしれません。ですが聞いているほうだって、そんなことを言われてもどう返事をしていいかわからず、困ってしまいます。当然、笑顔だって出ないでしょう。

「でも、私には何の取り柄もないから……」

そう言いたくなったら、グッとこらえてください。

お金を一番早く貯める方法が「お金をつかわないこと」であるように、プラスエネルギーをためる一番早い方法は、「自分を卑下する言葉をつかわないこと」です。

何かを新しくはじめるのは大変だけど、やめるだけですから、わりとラクに実践できます。

運がいい人が、非の打ちどころのない完璧な人間かというと、そうではありません。欠点はあっても決して自分を卑下しない。無駄な出費をしないのと同じように、無駄なことは言わない。シンプルで、とっても効果の高い開運法です。

自分の長所を強調したらキャリアアップは加速する。

29

どんな失敗をしても、好かれる人

　動物は攻撃されれば、本能的に自分の身を守ります。ですから誰かにミスを指摘されたり、注意を受けたりしたとき、人間も本能的に自分の身を守ろうとして、言いわけをしたくなるのです。
「ええ？　それって私のせいじゃないと思います」
「だって時間がなかったから……」
「元はといえば、先輩の指示がわかりにくかったんですよ」
　こんなふうに、口答えをするのがクセになっている人もいます。でも口答えや言いわけは、マイナスの言葉の代表。口にすればするほど、自分の運気がダウンするのです。この本能的な防衛反応を避けるために、運のいい人は一工夫しています。
　まず、相手の話を最後まですべて聞きます。そして少なくとも、自分が相手の期待に添えなかったことに対し

て、素直に謝ります。

「はい。ご期待に添えず申し訳ありませんでした」

「すみませんでした」

こう言うことで、相手の気持ちをくみとり、相手を受け入れていることを伝えます。誤解を解いたり事情を伝えたりするのは、そのあとの話。

相手が怒っているときには、何を言っても火に油を注ぐだけ。かえってあなたの印象を悪くしてしまいます。

いくら正しい主張でも、言いわけばかりする人より、自分の非を素直に認めることができる人のほうが、ずっと好感度は高くなります。運がいい人というのは、そのあたりのことをよくわかっているのです。

あえて全部自分のせいにしてみる。

30

恐怖！
こんな“マイナス言葉が溢れる場所”には近づかないこと

運がいい人というのは、自分がマイナスの言葉をつかわないようにしているだけではなく、マイナスの言葉が溢れているような場所や人には、できるだけ近づかないようにしているようです。

たとえばインターネットの世界には、悪口や根も葉もないウワサ話ばかりが山ほど集められているサイトや、残酷な話ばかりが載っているサイトなど、マイナスの言葉が数えきれないほど並んでいるものがあります。

運がいい人というのは、意識的にそういうサイトは見ないようにしています。そんなものを見なくても、日常生活で困ることは何もありません。インターネットが大好きというEさんも、こんなことを言っていました。

「芸能人のウワサ話を集めたサイトがあって、最初は好奇心がくすぐられて面白かったんですが、ずっと見ていたら、すごく疲れてイヤな気持ちになりました。それ以

来、二度と見ていません。

パソコンを通じてでも、マイナスのエネルギーを受けることを実感したからです」

またEさんは、悪口やグチばかり言っている人にも、できるだけ近づかないようにしているそうです。

「自分がマイナスの言葉をつかわないようにしていても、人からマイナスの言葉を聞くと、気持ちが暗くなるんです。マイナスの言葉の多い人と距離を置くようにしたら、ストレスが減りましたよ」

何も絶交する必要はありません。一時的に距離を置くだけです。その人がプラスの言葉をつかうようになったら、また仲よくすればいいのです。

✳マイナス言葉に近づきすぎると、
感染してしまうのです。

31

占いで最悪の結果が…！
というときのＧＯＯＤ対策

占いで悪いことを言われると、ドッと落ち込んでしまう人がいます。ＯＬのＴさんも、占いが気になってしまう１人でした。彼女の場合、雑誌の占いをチェックするのはもちろん、何か大きなことを決めるときは、よく当たるといわれる占い師を訪ねることがよくあります。

いいことを言われたときはいいのですが、問題は悪い結果が出たときです。マイナスのことを言われると、本当にそうなるような気がして、ものすごく暗い気分になってしまうのです。

「100％当たるとは思わないけど、やっぱり気になる。前に『相性が悪い』って言われた彼とも、結局続かなかったし、他にも当たったことは何度もあるし……」

とどんどん落ち込んでしまうのです。

不思議なことに彼女の場合、悪い占い結果ほど、かなりの確率で当たり、現実になります。ですから、ますま

す占いを気にして、喜んだり落ち込んだりするのです。

でも、真実を言えば、彼女の身に占い通りの悪いことが起きるのは、占いが当たったからではないのです。Tさんが暗くなって心にマイナスエネルギーをためてしまったことが原因なのです。

悪いことを言われても、気にしないでいつもポジティブな心でいれば、プラスエネルギーがたまり、悪い予測も避けられます。

占いを現実にするのもしないのも、その人の心次第。

悪い予言は、「今、プラスエネルギーをためておけば、不運を避けられますよ」というラッキーな事前予報みたいなものだと思って、笑顔を心掛けてみてください。悪い予言は、見事にはずれるはずです。

占いより自分のプラスエネルギーを信じる。

32

鏡に向かって
つぶやくと自信がつく言葉

　運がいい人の共通点に、「自分のことが大好き」というのがあります。

　外見も頭もよくて、周囲からうらやましがられる完璧なタイプだとはかぎりませんが、自分が好きなのです。

　たとえば、「生まれ変わるならもう一度、自分になりたい」と言っている自分大好きな派遣社員のTさん。

　失礼ですが、彼女は十人並みのルックスです。学歴は高卒、特別に家柄がいいわけでもないそうです。

　でも、彼女はとても楽しそうに、

「私には特別な才能があるわけじゃないけど、健康だし友だちも多いし、毎日が楽しいし。

　大きな声では言えませんが、毎日鏡の前で自分を見ると“私ってイケてる”なんて思っちゃうんですよ」

　こう話すのを見ていると、楽しくて、こちらまで彼女のことが大好きになってしまいます。

そんなふうにいつもニコニコしているからか、彼女の元にはたくさんの幸運の神様が舞い込んできています。

派遣先で優しい彼ができたとか、自分の書いたエッセイが雑誌で掲載されたとか、ほしかったものをプレゼントされたとか、ここ半年くらいだけでも数えきれないくらい、いいことがいっぱいあるといいます。

自分のいいところを認めて自分を好きになると、毎日をハッピーに生きることができます。

誰も言ってくれなくても、気にしないことです。

「私っていい人よね」

「とにかく私ってすごい」

そんな誇りを抱くことが大切なのです。

「私は私が大好き…」
言いつづけると、奇跡が起こります。

3 Chapter

運がいい人たちの日常生活には、
共通点があるって本当？
日々、**心地よく着実にプラスエネルギーを蓄え、**
人生全体の運気を上げる暮らし方のポイントを
明かします。

毎日がウキウキする
“丁寧な暮らし方”のコツ

33

部屋を見れば一目で幸運な人かどうか、わかります

　住んでいる場所というのは、どうも運気とかツキというものに深く関係しているようです。

　運がいい人の家を訪ねると、キレイに掃除されていて、つい長居したくなる心地いい空気が流れています。

　おもしろいことに、ものすごく成功している人は、ものすごくキレイ好きだったりします。反対に、

「この人って、実力はあるのに今ひとつ伸びないなあ」

「彼女、性格はいいのに、なんかツイてないよね」

　というような人の家を訪ねると、雑然と散らかっていて、なんとも落ち着かない雰囲気ということがよくあります。

　ですから、あなたがもし、ツキがないと感じているなら、部屋の掃除を習慣にするのをオススメします。

「どうして、掃除をすると運が上がるの？」

　という疑問を持つ人もいるでしょう。整理整頓されて

いるキレイな家と、散らかって汚れている家とでは、どちらが居心地がいいでしょう？

答えはきっと、「整理整頓されているキレイな家」でしょう。運の神様も、きっとあなたと同じなのです。

散らかっている家は、どうも落ち着かないので長居できないのです。

「幸運は“人のご縁”に運ばれてくる」

とも言いますから、みんなが訪れやすい居心地がいい空間をつくることに、意味はあるかもしれません。

気持ちいい場所に、身を置いてみよう。
そして、部屋を片付けて居心地よくしてみよう

34

本当に金運が上がるのか、ためしてみました！

「トイレにはお金の神様が住んでいる」という話を、あなたも聞いたことがあるのではないでしょうか。

アメリカのリサーチ会社が行なった調査によれば、お金持ちの多くが、毎日のトイレ掃除を習慣にしているそうです。

もちろん、この話はアメリカだけの話ではありません。日本にもトイレ掃除を習慣にして、ツキがアップしたという人はたくさんいます。

「１週間に１度だったトイレ掃除を、毎日するようにしたら、バイト先の時給がアップした」

「１分で終えていたトイレ掃除を、５分かけて丁寧にするようにしたら、懸賞で商品券が当たった」

そんな話が、世間にはゴロゴロしています。

「そんなの信じられないよ」

「科学的根拠はどこにあるの？」

と言いたくなるのも無理はありません。でも科学的な根拠がなくても、幸運になる人が続出しているというのは事実です。

批判や分析をするより、だまされたと思って軽い気持ちでやってみると、トクをすることが世の中にはよくあります。

家のトイレを掃除するだけなら、お金も時間もかかりません。そして何より、トイレがピカピカだと自分自身が気持ちいいのです。

✳バカバカしいことでも、やって損はないことなら
どんどんためしてみるのが正解！

35

マダムたちの間で噂の、福を招く掃除法

高級住宅街を歩いてみると、どこも門や玄関周りがピカピカに掃除されていることに気づきます。

あるお金持ちのマダムは、言っていました。

「門や玄関は運の神様の入口だから、いつもキレイにしています。汚れていたら、神様は来てくれませんからね」

別の女性は、こんなことを言っていました。

「玄関をキレイにするとツキが上がると聞いて、毎日掃除をしています。

やってみたら、ポストやインターフォンがすごく汚れていて驚きました。あと、表札やドアノブも拭くとピカピカになって、気持ちがいいですよ。

幸運の神様を迎えるところだからというだけでなく、家族や自分自身が毎日つかう場所なので、キレイだと嬉しいんですよね」

玄関を掃除するときは、靴箱の中もきちんと整頓する

といいそうです。

「靴は毎日、私たちに踏みつけられても文句１つ言わずに働いてくれるんですからね。

せめて、キレイな環境に置いておいてあげないと」

どの人も共通して言っていたのが、「福の神さま、どうぞいらっしゃいませ」とか、「いつもたくさんの幸運をありがとうございます」と思いながら掃除をすると、本当にいいことが続くようになった、ということです。

玄関は、言ってみれば家の顔。

時間がないときは玄関をキレイにするだけでも、居心地がよくなります。

人前に出るときにメイクするように、
人目にさらされる玄関もピカピカにしたい。

36

とにかく今すぐ、
運気アップする掃除！

とにかく今すぐに運をアップさせたい、というときにオススメの掃除法があります。

それが、**光るものを磨く**ということです。

まずは**玄関や洗面所の鏡**を拭いてみましょう。

乾いたふきんで鏡全体を横方向に、次に、たて方向に拭きます。最後に、鏡の周囲をグルリと囲むような形で全体を拭く。こうすると、ふきんのあとが残らずビックリするほどピカピカになります。最後に、磨きあげた鏡をのぞいてニッコリと笑顔の練習を。

光るものと笑顔は、両方ともプラスエネルギーがあるため、これを習慣にすると運気がみるみるアップします。ほかにも水道の蛇口や、炊飯器のふた、ポット、ドアノブやテレビ、パソコンなど、金属製品はちょっと拭くだけですぐにキレイになるので、オススメです。

そしてさらに強力なのが水拭き。

神社でお参りする前に手や口をすすいで清めるように、水には、浄化のパワーがあります。

「毎日、朝起きたら床を水拭きします。家中の空気までキレイになる気がします。運気もアップしましたよ」

床の水拭きなんて面倒だと思うでしょうが、ためしてみると、その気持ちよさはクセになるほどです。水拭きをした場所だけ、バリアがかかったように空気が変わって、心がスッキリします。

仕事運がほしいなら、会社のデスクを水拭き。

彼や仲のよくない兄弟の部屋中を水拭きすると、相手の運気がアップして元気が出るので、いい関係になるかもしれません。

✳ 塩を入れて水拭きすれば、さらにツキがアップ。

37

まず覚えてほしい！
捨てる技術！

幸運の神様をお迎えするのに、掃除と同じくらい重要なのが、**“不用品をためておかない”**ということ。

どんなに部屋をピカピカにしても、部屋の中にいらないものがたくさんあると、運気が落ちるのです。

人間や犬などの生き物だけでなく、本や家具など、すべてのものにはエネルギーがあります。

役に立つもの、必要とされるもの、人の心がハッピーになるものは、プラスエネルギーに溢れています。

でも、**もう役目を果たしたもの、壊れたもの、未完成のまま放っておかれたものなどには、十分なエネルギーはありません。**マイナスのエネルギーを発しています。

不用品が溢れている場所に行くと、なんとなく元気が出なくなってツキも落ちてしまうのは、そのせいです。

ある演出家が言っていましたが、貧乏な家のセットをつくるときは、部屋の中にゴチャゴチャと、とにかくた

くさんものを置く。お金持ちの家の雰囲気をつくるには、できるだけものを置かないそうです。

置いておくだけなら害がないと思っているなら、それは大間違い。運気の面から言えば、「もったいないから」「面倒くさいから」と、役目を終えたものをいつまでも抱え込んでいるほうが、もったいないのです。

「いつかつかうかも」と思うなら、期限を決めて、それを過ぎてもつかわないものは、思いきって処分する！

不用品を捨てると、心がスッキリするだけではないようです。どういう関係があるのかわかりませんが、便秘が治ってしまったという人が続出しています。

いざというとき、軽やかに動けるように！
身も心も住まいも、軽いほうがいいみたい。

38

それは、買わないほうがいい！

いらないものを処分するのと同じくらい大切なのが、余分なものを買わないということです。

運がいい人を見ていると、すごいお金持ちでも、あまり数を多く買わないのに気づきます。無駄づかいをしたくないとか置く場所がないとか、理由はいろいろでしょうが、彼らが口をそろえて言うのは、これです。

「たくさん買っても、使いきれなくてしまいっぱなしになるから、最初から買わないんです。

そのときはほしいと思っても、その一瞬はこらえる。１週間経ってもまだほしければ、そこで初めて買うことを考えればいいんですよ」

余分なものを買わないことで節約できるうえ、部屋をキレイにたもて、ツキを上げることもできます。

体は１つ。１度にはける靴も１足ですよ。

39

本を読もう！
運のいい人が読書好きなワケ

運がいい人は、“生き方”に関する本をよく読んでいます。フラワーアレンジメントの講師が言っていました。

「今月は、30冊読みました。１冊たった1000円ちょっとで、成功者の経験や貴重な教訓、自分に足りないところや進むべき道を教えてくれる。本ほど、おトクで効率のいい自己投資はありませんね」

また、実業家の男性はこう言っています。

「本を読んでいる人は、少し話せばすぐにわかります。

想像力や知識の量がとても豊かです。私が社員を採用するときは、本をたくさん読んでいる人を選びますね」

本を読む人すべてが運がいいというわけではありませんが、運がいい人の多くが読書好きなのは事実です。

今日すぐ効く本。５年後のここぞというときに効く本。どれもあなたを着実にステキに成長させてくれます。

40

朝、新しい自分に生まれ変わる習慣

「今日は、たまっていた仕事を全部片付けてしまおう」
「午前中のうちに電話を全部すませてしまって、午後は書類をまとめることに集中しよう」

　こんなふうに、朝起きたら“その日のテーマ”を決めてみましょう。

　やってみるとわかるのですが、テーマを設定すると、それだけで、その日１日をとても有意義に過ごせます。

　何の意識も持たずに、ただ予定をこなすだけでいるより、ずっと自分を成長させることができるのです。

　運がいい人は、上手に目標設定をして、自分を育てることが得意です。

　まずは簡単にできるテーマからはじめるといいでしょう。

「今日１日は誰に対しても笑顔で優しく接する」
「しぐさを美しくして、魅力アップを心掛けよう」

「苦手な先輩に何か言われても、ビクビクしないで堂々と対応しよう」

などと、なりたい自分になるための目標を設定するのもいいでしょう。

手帳にその日のテーマを書いたり、テーマを書き付けた付箋紙をパソコンやデスクの前に張ったりして目につくようにしておくと、なお効果的です。

＊今日は、どんな人になろうかな。
毎日新しく成長する楽しみ。

41

なぜ“大人のマナー”を知っておくといいの？

運がいい人を見ていると、みな堂々として見えます。その理由はきっと、自分に確固たる自信を持っているからでしょう。

自分に自信をつけるために有効な方法の１つに、“マナー”を知っておくというのがあります。

結婚式やお葬式、パーティーなど、大人としてのマナーを求められる場面に遭遇したとき、あなたは周りの人をマネたりなんとなくごまかしたりしながら、その場をやり過ごしていませんか？

うっかり間違えれば、常識のない人と思われてしまうかもしれませんし、その場の雰囲気を壊してしまうことにもなりかねません。常識を知らないというだけで、社会では損をすることがよくあるのです。

毎回、「このやり方で本当にあっているのかしら」

なんて、ビクビクしていては、疲れて心にはマイナス

エネルギーが増えてしまいます。

運がいい人というのは、そういうつまらないことでツキを落とすのを避けるためにも、一通りのマナーを身につけています。

書店に行けば、マナー関係の本がたくさんあります。ご両親に教えてもらったり、マナー教室に通って習ったりするのもいいでしょう。

自分に自信をつけるためにできることは、どんどん取り入れましょう。

✳いつだって堂々としていたいから。
社会人としてのマナーはきちんと、心得ておきます。

42

“幸運”と“美しさ”を同時に手に入れるために

「あの人って幸せそう。あの人みたいになりたい」

周囲からそう思われている人の姿勢は、いつもキレイ。

なんというか、運がいい人たちには、背筋がピシッと伸びた清々《すがすが》しい感じの人が多いのです。

正しい姿勢には、内臓を正しい位置に戻して、体調をよくする効果があります。そのため、いつも正しい姿勢でいる人は元気です。元気があるということは、それだけで気分がいいもの。自然と心の中にはプラスエネルギーが充満しやすくなります。

つまり、姿勢を正しくするだけで心にプラスエネルギーを増やして、運をよくすることができるのです。

逆に、脱力して背筋を丸めると、どんよりとした気分になってしまうから不思議です。

上を向いて、歩こう！

43

チャンスもグッドアイデアも
すべりおちやすいから
私はこうする

人間は、私たちが思うよりずっと、忘れっぽいものです。たとえば、顔は思い出せるのに、名前が出てこなくてイライラしたという経験があるでしょう。

名前を忘れるだけならあまり害はないのですが、これが仕事や友だちとの約束、夢をかなえるためのグッドアイデアだった場合、大きな損失になります。

せっかくの素晴らしいアイデアだって、忘れてしまえばないのと同じです。ですから私は、いつも胸ポケットにメモ帳とボールペンを入れておいて、思いついたことや忘れたくないことをメモしています。

全部のメモが役立つわけではありませんが、「いいアイデアを忘れてしまった！」と悔やむことがなくなるだけでも、ストレスが減るいい方法でした。

人生は、選択肢が多いほど豊かに広がっていきます。

44

前向きになれる“ハッピーダイアイリー”のつけ方

ハッピーダイアイリーをつけるだけで、効果的に運をよくすることができます。

どんなふうにつければいいのかというと、その日あったラッキーな出来事や、自分自身の成長を実感できたこと、新しくやってみたいことなどを、たっぷり詰め込むのです。目指すは、プラスの言葉で溢れたハッピー宝箱にすること！

たまに、失敗や反省を書き入れたとしても、最後は、「いろいろあったけど、今日も元気で過ごせてよかった」といった明るい言葉でしめます。

こうやって、その日の嬉しかったことを振り返り、寝る前にまとめることを繰り返していると、人生に対して肯定的な気持ちになれます。

イヤなことがあったときでも、過去の日記を見れば、

「こんなにたくさん、いいこともあったじゃない」

と、早めに立ち直ることができます。

それに書くことは、脳の中を整理して次の日にスムーズなスタートを切るためにも有効です。

ずっと答えが出ない悩みも、書きだしてみることで、クリアになることもよくあります。

「私はこんなことを思っていたのか」という発見もあるでしょう。

ダイアリーの最初のページに目標を張っておいて、毎日見るようにすると、やる気が湧いてきて、効率よく目標に近づくことも可能です。

ほんの二言三言でもいいので、続けることが肝心です。

日記は、あなたの成長の証《あかし》。
落ち込んだときは
勇気と自信を与えてくれる存在になるはず。

45

憂鬱《ゆううつ》な気分をリセット。パワースポットで心も体もピカピカに

旅行に行くなら、文化的な都市ですか？

それとも、アドベンチャー気分を楽しめる大自然派でしょうか？

運がいい人の旅の目的の１つが、自然の中で思いきり大地のエネルギーを吸収することです。

自然は、プラスのエネルギーのかたまりです。頭や心がモヤモヤしているときも、自然に触れれば、気持ちがスーッと軽くなります。自然のプラスパワーを借りて、ツキをアップさせているのです。

運のいいＯＬのＩさんは、自然に触れることで心をリセットすることを習慣にしている１人です。

「少し前までの私は、ちょっとしたことに傷ついて落ち込みやすかったんです。

軽いうつ状態だったのかもしれません。

そんなとき、友だちに誘われて登山に行ったんです。

全身を動かし、汗だくになって全力をふりしぼってようやく頂上に着いたときは、ものすごい感動につつまれて、それ以来、登山にはまっています！」

彼女は、山の新鮮な空気を吸うと、体の中のマイナスエネルギーが追い出される気がすると言いますが、これは気のせいではなく、事実です。

山や巨木のあるところはパワースポットです。山だけではなく、川での水遊びや、海や温泉に足をつけると、プラスエネルギーを効果的にもらえます。

旅行に行かなくても気軽に開運したいなら、朝起きたら外に出て太陽の光を全身に浴びたり、近くの神社に行ったりベランダでハーブを育てたり、部屋に花を飾ったりするのもいいでしょう。

さっそく、週末は大自然の中へ！

46

超一流の強運な人に学ぶ 1秒で感謝上手に変わるコツ

運がいい人は、ハッピーな出来事を見つけるのが上手です。ときには、周りの人たちが、

「それって別にラッキーでも何でもないんじゃない？」

と思うようなことさえ、ツイている出来事として受けとめます。

たとえば、教師のＧさんは、いいことを見つける名人です。

「今日は暑い。お日さまの光をこんなに思いきり浴びられるなんて、なんて贅沢なのかしら。今日も幸せ」

「今日は寒い。気温が下がると、なんだか心の中までピシッと引き締まる思いがするわ。今日もがんばれそう」

「今日は雨ね。庭の緑がキレイ。雨が降ると街中のホコリが洗い流されて、空気が澄んで気持ちがいい」

と、どんな天気も肯定的に受けとめます。

「こんなに暑いと、仕事がはかどらないよ」

「こんなに寒いと冷えて体がまいっちゃう」
「雨だと洗濯物が乾かないからイヤだ」

ほかの人なら、こう文句を言うかもしれません。

Gさんは、自然が起こすことすべてに感謝すると決めているそうです。

それだけでも、彼女の心にはどんどんプラスエネルギーがたまり、ツキを呼び寄せています。

✳ まずは自然の恵みに感謝。
すると次々、感謝することが見つかりはじめます！

47

光るアイデアが
どんどん出てくる筋トレ習慣

運がいい人に趣味を聞いてみると、スポーツやヨガなど、体を動かすことが圧倒的に多いことに驚かされます。

その理由を分析してみたところ、スポーツの持つ、**「脳をリセットする効果」**が人気の秘密らしいということがわかりました。健康になるとかやせるということより、「汗を流すと頭の中がスッキリする」「体を動かしている間は、仕事のことを忘れられる」「運動をすると気分がリフレッシュして、新しいアイデアが湧いてくるから」という人が圧倒的に多いのです。

たしかに、人間は本気で運動をしている間は、別のことを考えることができません。脳は、体に支配されます。体調が悪ければ考えも暗くなり、体が爽快なら、出てくるアイデアだって切れ味のいいものになります。

✳ たった30分のウォーキングで、頭も心も変わります。

Chapter 4

毎日たくさんの人と関わる中で、
「他人からマイナスエネルギーの影響を受けないようにする」
「敵をつくらない」といった身を守る工夫をする。
それだけで３６５日がとても快適に変わります。

ステキな人脈が
どんどん増える!
“人付き合い”のツボ

48

“ありのままのあなた”が求められているのに、なぜ見栄を張るの？

見栄っ張りな人は人に好かれません。ズバリ、運も上がりません。

「このバッグ、安かったから思いきってキャッシュで買っちゃった」

などと、実際はクレジットカードの24回払いで買ったバックを自慢してしまう。本当のことを言ったらバカにされそうで、見栄を張ってしまう……。

でも、見栄を張ることは、本人にとっても気持ちのいいことではありません。

「ウソがバレたら困る」という不安や、「また見栄を張っちゃった」という罪悪感が、心の中に生じます。心の中にマイナスエネルギーがたまります。

それに見栄っ張りな人の心には、

「相手にバカにされたくない」

「スゴイと思われたい」

という負けず嫌いな心が隠れています。

運の神様は、争いが大嫌い。どんな小さな競争心も見逃しません。だから他人に負けたくなくて見栄を張ると、ツキを落とすことになるのです。

見栄なんて張らなくても、あなたは十分に魅力的。それどころか、見栄を張ることによって、せっかくのあなたのよさが見えなくなってしまいます。

見栄を張らなければ自分をバカにするような友だちは、本当の友だちではないのかもしれません。

ありのままの自分でいられる人の中に身を置くことで、ストレスは激減します。心はプラスエネルギーで満たされます。

✳カッコつけない、ムリしない。
自分のために、自分に正直に。

49

他人をうらやましがったら、運勢は急降下

誰かが出世した、玉《たま》の輿《こし》に乗った、という話を聞いても、それをうらやましがる必要はありません。

仲のよかった友だちが先に結婚したとき、

「なんであの子のほうが私より先に結婚できるわけ？」

「私のほうがずっとカワイイし、学生時代はモテたのに！」

なんて、イライラしてしまうことはあると思います。

でも、そういう意識を持っていると、自分のツキを落とします。

「自分は自分、他人は他人」

「人と比べるんじゃなくて、自分は自分のペースでがんばろう」

この余裕が、幸せになるためには大切です。

「うらやましい」という気持ちは、極端になると、誰かを憎んだり自己嫌悪に陥ったりすることにもつながりま

す。グッと我慢して、結婚した友だちの幸せを祝ったり、出世した後輩の努力を認めてみましょう。

「私は気にしていなくても、私のことを勝手にライバルだと思って、競争をしかけてくる人がいるんです」

という人もいましたが、そんなときは、相手がどんなにケンカをしかけてきても、相手にしないようにしてください。

運の神様は争いが嫌いです。相手を打ち負かそうとすれば、あなたの運は即ダウンします。

人の幸せを素直に祝福すると
自分の元にも同じ幸運が訪れます。

50

シンデレラと白雪姫。その“見逃せない共通点”

　会う人によって、コロコロと態度を変える人は、好かれません。
「大丈夫。誰にもバレていない」
　と思っていても、周囲は気づいているもの。
　ある人にはペコペコ、ある人には威張る……その変わり身の早さを見た人は、「信用できない！」と心の中でその人への評価をダウンさせます。
　たとえばウエイトレスさんや仕事の遅い後輩に対して、そして、自分がお金を払う立場のときや、逆に、自分はとても勝ち目がないと思うカワイイ子や立場の人に対して、バカにしたり意地悪したり、そっけない態度で接してしまうことはありませんか。
　そういう態度は、相手だけでなく、見ている人たちまで不快にさせます。
「あの人って、心が狭いなあ」

「なんだか余裕のない人だなあ」

まるで、童話に出てくる意地悪姉さんのように見えてしまうのです。

あなたが心の中で何を思っても自由。思ってしまうものは、しょうがありません。

でも、それを表に出してはいけません。誰に対しても、失礼のない態度で接することが大切です。

好きな人や尊敬する人に対して、丁寧な態度で接することは誰だってできます。

運がいい人になりたければ、誰に対しても同じ態度で接する心構えを持つことが必要なのです。

何を演じてもいいのだから！
心優しいシンデレラや、白雪姫役をぜひ！

51

今の状況からとびだそう！
乗れば運気の流れは変わる！

人からイベントのお誘いを受けたのに、「面倒くさいから行かない」なんてことを言っていては損ですよ。

「声をかけてもらったのには意味がある」と考えて、誘いに乗ることにしている、という人が運がいい人です。

幸運の99%は、動いたときに訪れます。

ある人気者の女性は、こんなことを言っていました。

「私は誘われた催しには、できるだけ行っています。

特に親しい人からの誘いは、都合をつけるようにしています。

家でジッとしているより、行動したほうが面白いことに出会う確率が高いし、誘ってくれた人の好意に応えたいですしね」

この女性は、結婚式や記念パーティーなどに参加できないときは、お花や電報を送るそうです。

もちろん、まったく気が進まない場所に無理に出かけ

る必要はないでしょう。

１度名刺交換しただけの相手からの、わけのわからないパーティーの案内なども、行きたくなければ参加しなくていいと思います。

ラッキーを待っていても何も起こらない場合は、自分から足を運んで、ラッキーに近づいていくことも必要。無理のない時間や予算の範囲で、誘ってくれた相手の気持ちに応えたい場合は、出かけたほうがいいでしょう。全部の誘いに乗らなくても、今までより少しフットワークを軽くするだけで、ハッピーな時間が増えるはずです。

いつもの運気の流れを変えるには、
自分では出かけようと思わない場所や
お店に行くことが必要。
それを促してくれるのが、「お誘い」なのです！

52

どうしたら長くいいお付き合いができるでしょう？

長くいいお付き合いをするには、自分のことをあまりオープンにしすぎないことが大切。**人はなぜか、少しミステリアスな雰囲気のある人に興味を抱く**からです。

「なんでもオープンにするほうが、親しみを感じてもらいやすいのでは？」という思いから、必要以上に自分のことを話すのは、逆効果です。初対面の相手にいきなり、

「うちの会社、給料が安いから、私は家賃が３万円のアパートに住んでいるんですよ」

「私、男運が悪くて、もう５年も彼がいないんです」

なんて話されたら相手は困ってしまうでしょう。

親しくなりたい相手ほど、一気に距離を縮めるのはマイナス。時間をかけてゆっくりと知り合うほうが、絆《きずな》は深まるのです。

もっと、もっと知りたい……と思わせてみよう。

53

この挨拶が、好感度を上げます！

運がいい人は、「自分から」どんどん挨拶をします。

「おはようございます。今日はいい天気ですね」

「こんにちは。今日、ここに来る途中でヒマワリが咲いていて、とってもキレイだったんですよ」

「さようなら。今日は楽しかったです。また近いうちに」

まだあまり親しくなくて、こちらから声をかけようか迷っている相手から先に元気に挨拶をされると、

「この人は私のことを友だちだと思ってくれているんだ」

と、嬉しくハッピーな気持ちになります。

挨拶はとてもシンプルなものですが、相手の心を喜ばせる効果がとても大きい。だから自分から。誰にでも自然に挨拶できるようになった頃には、あなたの人気もグンと上がっていることでしょう。

挨拶は、友だちつくりの第一歩です。

54

コツは「少しずつ距離を縮める」と覚えておいて

運がいい人は、誰ともですぐに仲よく親密になるのか、というと、そうでもないようです。

彼らは、人付き合いに関しては意外と慎重です。

運がいい人は、他者のエネルギーに敏感なようで、中にはこんな人もいます。

「私は移動するときに、タクシーをつかうようにしています。電車の中で他人のマイナスエネルギーをもらって、疲れてしまうことがよくあるからです」

ここまで極端に考えなくても、人付き合いに関しては時間をかけて相手のことをある程度知ってから、少しずつ距離を詰めていくという人が多いのです。

出会ってすぐに急接近すると、しばらくして

「あれ、この人はマイナスのエネルギーが強いなあ」

とわかったときに、困るからです。

１度親しくなった相手と距離を置くのはなかなか簡単

ではありません。ですから、親しくなるまでに時間をかけて、相手の人間性をたしかめようとするのです。

ある女性は、こんなことを言っていました。

「私の人付き合いの基本は、“つかず離れず” です。

誰とでも、にこやかに話しますし、誰のことも悪く言わないしケンカもしないのですが、自分にマイナスの影響を与える相手には、近づかないようにしています。

本当に心が許せる相手は、そんなに多くないですよ」

自分の運気を落とさないためには、このくらいクールな考え方がちょうどいいようです。

親しくなる前に
相手を見極めることに時間をかけるのは、
身を守るために必要なこと。

55

自慢とグチは、ほどほどに

自分の子供やペットがカワイイという自慢話は、聞いていてあまり面白くはありませんが、まだ愛嬌があります。しかし、学歴や仕事の手柄、過去の栄光話などは、聞くほうがひどく不快に感じます。特に不快感をあおってしまうのは、モテ自慢です。

「Ｂくんがしつこくメールしてきて、まいっちゃう」

「このバッグ、Ｃくんにもらったの。付き合ってるわけじゃないから困るって言ったけど、どうしてもって」

どうしても自慢をしたいときは、

「ねえねえ、ちょっとだけ自慢していい？」

と言ってから、一言サラッと冗談っぽく言えば、その場の空気が悪くなることもありません。本当にモテる人は、自慢しなくても周りにそれが伝わるものです。

✳ モテ自慢をするほど、モテないことが伝わります。

56

グチを言うならこんなふうに！

「運がよくなりたいから、グチは絶対に言わない」

と決めるのはいいこと。でも、あまり自分に厳しくすると、ついグチを言ってしまったときに、「グチを言ってしまった。運が悪くなった」と落ち込んで、逆に笑顔が好きな運の神様を遠ざけることに。そこでオススメなのが、短時間で明るくグチを言うということです。

「あーあ、仕事キツイなあ。だいたい部長がバカだからこうなるんだよ。給料も安いし、もうやめちゃおうかな。でも転職したって給料が上がるともかぎらないし……」

なんて長々と言うのではなく、こう言えばOKです。

「あーあ、仕事キツイ。でも辛いときは長くは続かない。今は我慢してやるしかない。はい、グチは終わり！」

あとで気持ちを切り替えて笑顔になれるなら
たまにはグチを言ったっていい。

57

あなたの運がよくなってくると こんな問題が起きてきます

「最近の彼女、なんだか荒れてるなあ。

口を開けばグチや悪口ばかり。

ときには私のことを攻撃してくるし、私が嬉しいことがあると、喜ぶどころか足を引っ張るようなことを言うし。なんだか彼女と会っていると疲れる……」

出会ったときはプラスのエネルギーに溢れていた相手がマイナスのエネルギーを強めてしまった場合や、あなた自身が成長したために価値観にギャップができてしまった場合、あなたはどうしますか？

アドバイスして、立ち直らせる？

今まで親しくしていた人でも、そんなふうに変わってしまった場合には、その関係は少し見直したほうがいいかもしれません。

その人は、必ずあなたにマイナスの影響を与えています。

もし、しょっちゅう連絡を取り合っているとしたら、ある程度の距離を置くことが必要です。気をつけてほしいのは、離れたほうがいいからといって、

「あなたといると疲れるから、しばらく会うのはよそう」

なんて、わざわざ相手に言う必要はないということ。

ケンカになって傷つけあえば、心にはマイナスエネルギーが増えてしまいます。

何も言わずにそっと離れればいいのです。

そして会わない間は、少し離れた場所から彼女の幸せを願っていればいいのです。

ご縁があれば、また彼女と親しくなれる時期はやってくるのですから。

離れたほうがいい関係もあるのです。

58

上手に断ると、運が上がる！

自分がどんなに運がよくなる努力をしていても、人の恨みを買って足を引っ張られてしまっては、せっかくの努力も水の泡になってしまいます。そんな事情から、かしこい人は、誰かに「ノー」と言うときも、相手がイヤな気持ちにならないように注意しているようです。

誰かを傷つけたら、自分の心にもイヤな後味が残って、マイナスエネルギーを呼び込むからです。

キャンプに誘われたけれど、アウトドアが苦手なので断ることにしたＹさんは、断りの電話を次のように入れました。

「キャンプに誘ってくれてありがとう。すごく楽しそうね。ただ、残念なことにその時期は予定が立て込んでいて参加できないの。今回、声をかけてくれて嬉しかったです。また今度、一緒にランチしようね」

こういう丁寧な言い方をすれば、相手は断られても悪

い気はしません。ちゃんと参加できない理由を添えていますし、誘ってくれたことに対する感謝の気持ちも述べているからです。

これが、次のような言い方だったらどうでしょう。

「悪いけど、私、キャンプとかアウトドアって好きじゃないの。虫とか嫌いだし料理も面倒くさいから。だから今回は私抜きで行ってきて。またね」

悪気はないし、正直な気持ちを書いただけなのかもしれませんが、言われたほうはいい気分はしないでしょう。

特に断りの返事は、電話で伝えるといいようです。何度も読み返せるメールだと、相手を何度も不快にさせてしまうかもしれないからです。

また、誘いたくなるように心掛けて吉。

59

たくさんの人に助けてもらえる人

運がいい人は、いつだって人に助けてもらえます。

頼まれた人が、喜んでその人の力になりたいと思うような人徳があるし、また、ちゃんとそういう頼み方をします。

つまり、周りの人たちの力を借りるのがうまいのです。自分の力だけではうまくいかないことも、協力者たちの手を借りながら、スイスイと進めていきます。

Dさんは、何かを人に頼む天才です。

たとえば、パソコンの調子が悪いとき。Dさんはまず、自分で原因を突き止めて直そうとしましたが、できませんでした。そこで、初めてパソコンに強い友人のFさんに連絡をしました。

「私のパソコンの調子が悪くって、自分なりに何時間か格闘してみたんだけど、直らないの。もう、お手上げ。こんなことを頼めるのって、パソコンに強いFさんしか

いなくって。忙しいところ悪いんだけど、よければ力を貸してくれない？」

Ｆさんは、いつも優しいＤさんが困っていると知って、喜んで修理に来てくれました。

Ｄさんは何度もお礼を言って、Ｆさんの好きなケーキをごちそうしました。Ｆさんは、「またいつでも呼んでね」と笑顔で帰っていきました。

ポイントは、Ｄさんが普段からＦさんに優しくしている点。そしてＦさんが機械に強いことをほめている点。またＤさんは、Ｆさんがもしパソコンを直せなくても、文句を言うつもりがまったくない点。Ｆさんはそういう理由があったから、気軽に来てくれたのです。

日頃から人に親切にすることで
あなたの周りにも協力者が増えていくでしょう。

60

トラブルを成功に変える“フォロー”

運がいい人だって、たまには失敗をします。

でも、彼女たちはそれを大きなダメージにしません。

傷が浅いうちに、あれこれとフォローをして、失敗を挽回してしまうのです。

営業の仕事をしているＳさんは、うっかりして取引先との打ち合わせの約束を忘れてしまいました。

気づいたときには、もう待ち合わせの時刻を過ぎていました。大慌てで先方に電話をかけて謝りましたが、相手は怒っているようでした。

実は以前にＳさんは、その相手から約束をすっぽかされたことがありました。言ってみれば、今回のことはお互い様です。でもＳさんは、

「私だって前に待たされたんだから、気にしなくていいや」

とは思いませんでした。その日のうちに手土産を持っ

て、先方にお詫びに行きました。

電話をかけたときは怒っていた相手も、わざわざ謝りにきたSさんを見て、機嫌を直してくれました。

それどころかSさんのマジメさに感心して、それ以来、多くの商品を買ってくれるようになったのです。

自分のミスをそのままにせず、一生懸命に行動したから、Sさんのもとに幸運が舞い込んできたのです。

仕事だけでなく、友だちや恋人とケンカしたとき、意地を張らずに誠実な態度を見せることで、かえって絆が強まることはよくあります。

"トラブルのあとのフォローの中にこそ、
運をよくするためのチャンスが隠れている"
これこそが、成功者たちが心得ていた偉大な秘密。

61

メールの返事は、いつするのがベスト？

たとえば、留守電にメッセージが残っていた場合、普通の人が、

「またかかってくるだろう」

「あとでかけ直せばいいや」

と思うところを、ササッとその場でかけ直して、用件をすませる。メールも読んだらすぐに、その場で返信する。これだけで３倍は時間の節約になりますし、運がよくなる気がします。

私の場合、１日に100通以上のメールを受け取ります。あとで返事をしようと思うと、忘れてしまったり今より忙しくなってしまったりして、負担が増えてしまいます。だからすぐに返事を出します。そうすることで心にひっかかっていることを減らし、ストレスをなくしているのです。

素早く返事をする場合は、

「ＯＫです」
「了解しました。よろしく」
という短い文章でも許される点が嬉しいですし、返事が早いというだけで、相手からの信頼もアップします。メールを送ったほうは、返信を期待して待っているものでしょう？

早く返事を出すことには、たくさんのメリットがあるのです。

返事は待たせない！

62

なかなか
メールの返事がこない理由

先の項目で、返事を待たせないほうが運がよくなるとお伝えしましたが、注意点を１つ。

いくらあなたがメールを素早く返事をするタイプだとしても、相手にそれを強要してはいけません。

特に、恋人や友だちに向けて送ったプライベートメールでは、“返事は来ても来なくてもいい”というくらいの気軽さで出したほうがいいでしょう。

あなたは誰かにメールを送ったあと、すぐに返事が来ないと、気になってイライラしてしまうほうですか？

留守電にメッセージを残したのに折り返しの電話がないと、腹が立つタイプでしょうか。

もし、答えが「イエス」なら、あなたは少し、自己中心的すぎるといえるかもしれません。

こちらが連絡を取りたいとき、相手がヒマでいるとはかぎりません。仕事が忙しくてパソコンを開いている時

間がないのかもしれないし、体調を崩していて誰にも連絡を取れないでいるのかもしれません。

もっと言うなら、あなたが連絡を取りたいほどに、向こうもあなたに関心があるとはかぎらないのです。

メールに返事を出すかどうか、折り返し電話をするかどうか、それを決めるのは相手の自由。

自分の思い通りに相手が動かないからといって、イライラして腹を立てるのは筋違いといえるのです。

他人のやることにとやかく口は出さない、強制しない。**「返事が遅いけど、まあいっか」**というサラリとした人に、幸運が集まるのです。

相手のペースに合わせてみよう。

63

運がいい人たちの楽しいパーティーマナー

パーティーやイベントに参加してみるとわかるのですが、ニコニコしていかにも運がよさそうな人たちの会に行くと、会場のあちこちで笑い声が起こっています。

みんなが冗談を言い合っているからです。

逆に、なんとなく顔色が悪くて、不景気な感じがする人たちの会には、笑いがありません。

これは、ユーモアと運とに何か関係があることを暗示しているような気がしませんか。

実は、ユーモアは、運をよくするためにとても大切な要素です。なぜなら、「面白い」「楽しい」という感情は、プラスのエネルギーが大きいからです。

自分が笑うだけでも、心にプラスエネルギーがたまりますが、相手を笑わせればさらにプラスエネルギーは増えていきます。

「笑う門には福来たる」というわけです。

それに、ユーモアは人間関係をなごませて、お互いの距離を縮めるきっかけにもなりますから、いいことずくめです。

さらには、逆境を吹き飛ばすパワーもあります。悲しいときや苦しいときに、ガチガチになった心を優しくほぐしてくれるので、新しいアイデアを呼び込むのにもってこいなのです。

✳ **ユーモアで場を盛り上げれば、運も上がる！**

64

3歩、あるいたら忘れる！過去のことを根に持たない人の思考グセ

運がいい人は、他人に対してネガティブな感情を抱いたとしても、いつまでも根に持つことがありません。

はるか昔に彼を奪った相手のことを、

「今に見てなさいよ。いつか絶対に復讐してやるから」

なんて、今だに憎んでいることもありません。それどころか、5分前の会議で議論を戦わせていた相手と、何のわだかまりもなく笑顔で一緒にランチをしていたりします。

「あのときはあのとき、今は今。あの件についての意見は違うけど、人間的に嫌いになったわけじゃない」

と考えるからでしょう。人を憎めば自分が疲れます。心にマイナスエネルギーがたまるから、運もダウンします。人を許すのは自分のためでもあるのです。

過去を水に流せば、心はいつも清くピカピカ！

65

運がいい人たちが、「仲よくなりたい」「会うのをよそう」と判断するポイント

「いつも怒っている人とか、思い通りにならないことを、人や環境のせいにする人は、心に不平不満が渦巻いていて、一緒にいると疲れる」

こう、運のいい人たちは言います。会うのをやめようと思うのは、こういう人だそうです。

逆にどんな人と仲よくなりたいかというと、

「ニコニコしていて、プラスの言葉を多くつかう人」

「目標を達成するために、行動している人」

注目してほしいのは、決してその人の肩書きや外見で判断していないこと。見るからにお金持ちで立派な肩書きを持っていても、マイナスエネルギーの強い人も多くいます。基準は、その人の心の状態なのです。

プラスエネルギーの強い友だちを増やすことで、ますます運気を上げていけるのです。

66

超一流の人に、運をもらう！

次々と夢をかなえて、いつも幸せそうにしている女性Kさんに、どうしてあなたはそんなに自分のやりたいように人生を進んでいけるのかと聞いたことがあります。

その答えは、意外なものでした。

「幸せそうな人たちと仲よくさせてもらって、その人たちのマネをしていたら、自分も幸せになっていたんですよ」

たしかに、Kさんの周りの人たちを見てみると、みんな、とても幸せそうです。Kさんは自分から彼女たちに声をかけて、親しくなれるように努力したそうです。

あなたがよく連絡を取り合っている仲間は、不平不満がなく、幸せそうですか？　運がいい人たちですか？

もし、答えが「ノー」なら、少し人付き合いを見直す必要があるかもしれません。

「類は友を呼ぶ」という諺のように、あなたの周りの人

は、あなたに似た人が集まっています。つまり、あなたの周りの人が不幸そうなら、あなた自身も不幸だということです。そういう人たちと仲よくしながら、自分だけ幸せになることは難しい。

本当に幸せな人たちは、初対面の相手にも優しく丁寧に接してくれるので、思いきって声をかけてみるといいでしょう。

近くにお手本になる人がいないなら、幸せな人が書いた本を読んで参考にするだけでも効果があります。

✳付き合う相手を選んでみよう。
幸せな人と付き合えば、幸せ色に染まります！

67

人生ゲームの達人になる秘訣

運がいい人は、他人から見たら、「大丈夫かな？　大変そうだなあ」と思うような危機的状況を迎えても、平気な顔をしていることがよくあります。

いつも元気なＥさんも、そのタイプです。彼女はリストラにあったり失恋したりしても、いつも前向きなのです。彼女にその秘訣を聞いてみました。

「私は辛い出来事があると、**『これはゲームだ』**と考えるようにしているんです。だから落ち込んでいるヒマなんてないんです。

『さあ、この壁をどう乗り越えよう？』と考えていると、沈んでいた気持ちも前向きになるんですよ」

起業家のＹさんも言っていました。

「私はしんどい状況になったら、**『今度はそう来たか！』**と考えて、進んで困難を迎え入れるようにしています。過去を振り返れば、どんなに大変なことだって、ちゃん

と乗り越えてきました。だから、どう考えても無理に見えることでも、まずは『**乗り越えられない壁はない**』と言ってみるんです。落ち込んでいても、その壁を楽しむフリをしていると、信じられないことに解決策がどこからか降ってくるんです！

こう考えるようにしてから、どんなことも本当に乗り越えられるようになったんです」

困難にぶつかると、もうあとがないような気がして焦ってしまいます。そのとき、いかに心を明るくたもてるか、そこが運命の分かれ目。「そう来たか！　乗り越えられない壁はない」と考えることで、心にプラスエネルギーを生みだし、ハッピーを呼び込めるのです。

災難と思うなら、辛い。
でも、ゲームだと思ったとたん、楽しくなるから不思議。

68

心がスーッと晴れる“中国老人の教え”

「人間万事《ばんじ》塞翁《さいおう》が馬」という言葉を知っていますか？

これは、中国の古い書物「淮《え》南子《なんじ》」にある話を元にした諺で、“幸せも不幸も、次はどうなるかわからない”という意味。簡単な話の内容は、こうです。

ある老人の馬が、北の胡《こ》の国の方角に逃げていってしまいました。近所の人たちがなぐさめようとすると、老人は、こう言いました。

「このことが幸福にならないともかぎらないよ」

その後、逃げだした馬がいい馬をたくさん連れて帰ってきました。近所の人たちがお祝いを言いにいくと、老人は首を振って言いました。

「このことが災いにならないともかぎらないよ」

数日後、老人の息子がその馬から落ちて足の骨を折ってしまいました。近所の人たちがなぐさめにいくと、老人は平然と言いました。

「このことが幸福にならないともかぎらないよ」

１年が経った頃、戦争が起こり、町中の若者が戦争に行って死んでしまいました。しかし、老人の息子は足を負傷していたので、戦争に行かずにすみ、無事でした。

この話は、運がいい人の考え方に置き換えることができます。それは、

「不幸な出来事が起きても、それがずっと続くとはかぎらない。不幸な出来事が幸福を招くことになるかもしれない」

という考え方です。

気持ちがひどく動揺するようなことがあったときは、この老人の言葉を思い出せば、ゆったり平然と構えていられるでしょう。

あわてない、焦らない、動じない。

69

あなたは本当は、こんなにすごい！

「自分を好きになりたいけど、なかなか好きになれない」という人は多いものです。でも誰にでも必ず、いいところがあります。それはあなただって例外ではありません。

「自分の性格が嫌い」と悩んでいる女性がいました。

「ネガティブだし、小さいことで気をもんで、気をつかってばかりいる自分が、器の小さい人間のようでイヤ。

　情けなく感じる」

　というのです。でも彼女の上司は、まったく逆の見方をしていました。

「よく気がついて人を思いやれるこまやかな神経の持ち主。その場の勢いで物事を進めずに、きちんとリスク管理ができる。ビジネスに欠かせない資質を備えた人材」

　こう高く評価していたのです。彼女は来年の春から、何人もの先輩を抜いて課長になります。全員がいけいけ

どんどんの人ばかりだったら、会社はつぶれてしまいます。状況を見極め、慎重に舵を取る人も必要なのです。

自分では自信を持てないでいたのに、会社からは評価されていたように、少し見方を変えるだけで、短所も長所に変わります。

もちろん、楽しく努力して変えられる部分は、変えればいい。それでも変えられないことや、自分のことを好きになれないなら、違う角度から見るといいでしょう。

太ってる、おっちょこちょい、話ベタ。

さあ、どんなふうに見方を変えますか？

新しい発見がきっと得られるはずです。

✳太ってる？→ いえいえ、セクシーでグラマラス！
おっちょこちょい？→ 雰囲気を明るくする達人！
話ベタ？→ 口先だけでない誠実な人！

70

運がいい人の“周りにいる人”ってどんな人？

運がいい人の特長に、他人への感謝の気持ちを多く口にするというのがあります。

「私は人に恵まれているんですよ」

「周りの人が力になってくれるお陰です」

でも、実際のところ、その人たちの周りが本当にいい人ばかりかというと、それは、“見方”によるようです。

「人に恵まれている」

と言っている人の会社にも、意地悪な同僚や働かない部下がいるし、近所には口うるさい人もいるのです。でも、運がいい人は、彼らの悪口を言ったり、そんな人に囲まれている自分の境遇を嘆いたりすることがないのです。それどころか、

「厳しいところもあるけど、尊敬できる」

「ちょっと人当たりが悪いけど、話してみるといい人」

という具合に、普通の人から見ればイヤな人たちのこ

とをほめることも、よくあります。

「細かい人」＝「よく気がつく人」

「頑固な人」＝「意志の強い人」

という具合に、個性を長所として見ているのです。

つまり、運がいい人というのは、人の悪い面に鈍感で、いい面を見つけるのが上手なのです。

この考え方ができるようになると、毎日のストレスが激減します。心にプラスエネルギーが増えていき、ますます他人の悪い面に、意識がいかなくなります――こうして好循環が生まれ、そのエネルギーが、幸運を引き寄せるのでしょう。

あなたの周りの人は、どんな人？

71

雨が降っても、ブタが降っても…それは、いいこと！

実は、運がいい人というのは、身の回りに起きたアンラッキーを、「ハッピー」に変えてしまうのがうまいのです。

たとえば、歯科助手をしているJさんから、こんな話を聞きました。彼女は車の運転中に、後ろから走ってきた居眠り運転の車に衝突されて、１カ月も入院するケガをしてしまいました。

そのときのことを、彼女はこんなふうに言うのです。

「交通事故で亡くなる人もいるわけですから、入院程度ですんで本当にラッキーでした。みんな優しくしてくれるし、私は幸せ～って、毎日のほほんとしていたんです。そのときの私を見た彼が、私の大切さを感じたそうで、結婚を決意してくれたんです。

健康のありがたみも実感できたし、この交通事故は、神様から私へのプレゼントだったのかもしれません」

他人から見れば、Ｊさんの言葉は、こじつけにしか聞こえないかもしれません。

でも、Ｊさんは事故の相手を責めたり、自分の不運を嘆いたりせず、逆にハッピーを呼び込んだ出来事として受けとめたのでした。それがまた、彼のプロポーズという幸運を引き寄せたのです。

物事には、いいも悪いもありません。

それならば、「こじつけ」だっていいから、どんな出来事も前向きに受けとめたほうが楽しくありませんか？

ハッピーな「こじつけ」をすることで、運の神様がほほえんでくれるなら、なおさらです。

✳いつまでも涙に濡れていたら、
足下にある幸運のクローバーに
気づけないじゃない？

72

もう、じゅうぶん恵まれているのです！

「自分は運が悪い」と言っている人を観察してみると、よく不平不満を言っていることに気づきます。

「こんなに一生懸命働いているのに、給料が安い」

「恋人が全然優しくしてくれない」

「また太った。食べてないのにやせないなんて。どうしてこんな太りやすい体質に生まれてきたの。ムカつく」

彼女たちにとって、世の中は思い通りにならないことだらけのようです。そのため、毎日ネガティブなことを言っては、自分自身の心にマイナスのエネルギーをためています。

一方、運がいい人というのは、小さなことにも感謝することができます。

「お給料は安いけれど、毎月ちゃんとお給料を受け取れるのはありがたい」

「あまり電話をくれないけど、優しい彼がいて幸せ」

「スリム体型ではないけど、健康に毎日を送れているんだから自分の体に感謝しなくちゃ」

こんなふうに、一見、取るに足りないようなことにも、ちゃんと価値を見つけるのが得意なのです。

ある運がいい女性は、こんなことを言っていました。

「元気で当たり前、仕事があって当たり前、と思っているけど、本当は当たり前のことなんてないんです。戦争中の国の人から見たら、平和な日本に生まれたことだって、ものすごくラッキーなことです」

そう考えている彼女の心は、いつもプラスのエネルギーで溢れています。運の神様にも好かれるのも当然でしょう。

✳平凡な毎日の中に幸せがある。
「当たり前のこと」なんてないと思えたら
もう“運がいい人”の仲間入りです。

73

自分に甘く優しくしたら、こんなにいいことが！

　運がいい人なら、何をやっても完璧にできるかというと、そうとはかぎりません。

　ときには、ミスだってします。ただ、彼らが違うのは、自分ができなかったことやミスを、わりと平気で受けとめるという点です。

　たとえば、１年で50万円を貯めるのを目標にした２人の女性がいるとしましょう。２人とも必死で貯金したものの、１年後に貯まったお金は35万円でした。

　それを見て、Ａさんはこう言いました。

「やった！　35万円も貯まった。50万円には届かなかったけど、無駄づかいばかりだった私がよくやったわ！」

　一方、Ｂさんはこう言いました。

「35万円か。目標より15万円も少ない。あーあ、一生懸命節約したのにこれだもの。私ってダメだなあ……」

　あなたはどちらのタイプでしょう？

この場合、運がいいのはＡさんのような考え方ができる人です。

運がいい人は、「できなかったこと」ではなく、「できたこと」を数えて、自分をほめることができるのです。

何事も、70点取れれば上々。

たとえ30点だって、できただけすごい！と自分を甘やかしたほうがいのです。

「次は、もっとがんばれるかも！」
そういう気持ちになれれば、しめたもの！

74

どんな問題も消えてなくなる！運がいい人の考え方

運がいい人は、何か辛い出来事があったとしても、あまり長い間、落ち込みません。彼女たちがつかっている、すぐに立ち直る方法とは？

Ａさんは、買い物帰りに、出がけにつけていたお気に入りのイヤリングがないことに気づきました。その日行った場所を探しても見つからないと、「まあ、いいか」と、そのイヤリングのことを忘れることにしました。

「本音を言えば、ボーナスで買った高いものだったし、かなり気に入っていたんです。

でも、私の元から離れていったということは、ご縁がなかったんでしょう。短い間でもハッピーな気分にしてくれたんだから、それでじゅうぶん。落ち込んでいても戻ってきませんし」

いつも明るいＦさんは、第一志望の就職先に落ちてしまったときも、泣いたりグチを言ったり、他の人をうら

やましがったりすることはありませんでした。
「Ｆさんは強いね。私だったら落ち込んじゃうなあ」
　と友人に聞かれたＦさんは、こう答えました。
「私だって残念だよ。でも、就職試験に落ちたことなんて長い人生の中で見たら、たいした問題じゃないと思う。今は最初に入った会社に一生勤める時代じゃないから、転職するチャンスだってあるわけだし。
　何より命まで取られたわけじゃないしね」
　たしかに、**「命まで取られたわけじゃない」**と考えれば、たいていのことは乗り切れます。
　こうやって、いつも笑っているＡさんもＦさんも、心の中にプラスのエネルギーが溢れています。

自分の壁を越え、眠れる能力を目覚めさせる呪文が、「たいしたことじゃない」「まあいいか！」なのです！

Chapter 5

たくさんの人に好かれる“気配り”習慣

運がいい人をマネて**「相手を上手に立てる」**と
人間関係のトラブルやストレスが
みるみる消える！
びっくりするくらい実感できるはずです。

75

好かれる人が絶対にしないこと

人づてに仕事のチャンスをもらえたり、恋人を紹介してもらったり、探していた情報を教えてもらったり……運がいい人は、みんなに協力してもらえます。

彼らがたくさんの人に好かれるのには、理由があります。たまたま、みんながその人を好きになり、力を貸したいと思うわけではないのです。

では彼らは、どんなことに気をつけて人付き合いをしているのでしょう？

その基本の１つが、**“自分がされてイヤなことを人にしない”**ということです。

そんなの、何度も聞いたことがある？　当たり前？

でも、その誰にでもできる当たり前のことが、きちんとできている人は、ほとんどいません。

あなたは、待ち合わせに、遅刻することはありませんか？　相手が疲れているのに、電話で長々とグチを言っ

たことはありませんか？　誰かの悪口を言ったことはありませんか？　本やＣＤを借りたままで、返すのを忘れたことはありませんか？

思い当たることがあるなら、注意したほうがいいでしょう。ほんのささいなことでも、されたほうはいつまでも覚えているものですし、あなたにマイナスの印象を持つものだからです。

たいしたことないと思うような当たり前のことを、きちんとするだけで、多くの人に好かれます。そして人づてにハッピーが舞い込んでくるのです。

幸運の神様は、当たり前のことをきちんとする人にチャンスをくれるのです。

76

それは、自分の意見を押しつけているだけかも…

運がいい人は、人付き合いが上手です。彼らは、誰に対しても実にサラッとしています。

仕事中も休憩時間も同じ人とばかり過ごしたり、誰かにベッタリとくっついて１日に何十回もメールをやりとりしたり、何をするにも一緒でないと気がすまないという発想が、まずありません。

自分は自分というように、自分の世界と、他人の世界の境界線を、ハッキリと意識している感じなのです。

Ｎさんは、多くの友人に頼りにされている人気者。よく、恋愛や転職の相談を受けるそうです。そんなとき彼女は、真剣に話を聞きますし、自分の意見もきちんと伝えます。でも決して、その自分の意見を押しつけることはしません。

「私はこう思うよ」

と言うことはあっても、

「絶対にこうしたほうがいいよ。こっちを選びなよ！」

と自分の意見を押しつけるようなことは言いません。

「私のアドバイスと逆の結果を選んだとしても、それがその人の選択なら、それでいいって思っています。最終的に何を選ぶかは、その人の自由だから」

このサラリ感が、Ｎさんの人気の秘密でしょう。

私たちは、仲よくなった相手には特に、自分の価値観を押しつけてしまいがちです。しかしそれをやってしまうと、相手は窮屈に感じて離れていってしまいます。

他者の考えを尊重できる人には、みな安心して本音をさらけだします。ありのままの自分でいられるから、人は集まってくるのです。

「ああしなきゃダメ」、「絶対こうしたほうがいい」というのは、今のその人を否定していること。

77

それは、
相手を変えようとしている証拠

家族や恋人、仲のいい友人など、親しい相手には、“もっとよくなってほしい”とか、“自分の思い通りの人間であってほしい”、と思ってしまうものです。

そして、相手が自分の思い通りにならないと、

「どうして、私の気持ちをわかってくれないの？」

なんて、やけに腹が立ったりします。

たとえば、彼がメールの返事をなかなかくれないという悩みがあったとしましょう。女性からすれば、

「恋人ならメールを頻繁に交換するのが当たり前。私のことを好きなら、何度も連絡を取りたくなるはず」

と思うかもしれません。しかし男性である彼のほうは、

「メールは苦手だ。会っているときにいっぱい話そう」

と思っていることがほとんどです。

それなのに、勝手に自分のルールを相手に押しつけて、文句を言いたくなるのは、考えものです。

自分の常識は、相手の常識ではないし、誰にも人を変える資格はありません。

“こうなってほしい”と期待したり、“こうするべき”と怒ったりするのは、すべて、“相手を変えようとしている気持ちのあらわれです。その気持ちを捨てる――それだけで、「付き合いやすい人」、「居心地のいい人」として、あなたの魅力がアップします。

彼には、これまで築いてきた彼のやり方がある。出会って何年も経たない私が彼を変えようなんて、おこがましい話――そう気づくことで、自分自身のストレスも、相手にとってのストレスもなくすことができるのです。

✳ **どうでもいい人のことは、気にもならないし、変えようとも思わない。大好きな人ほど変えたくなるから、ややこしくなるんですね。**

78

思いやりを感じさせる、ほどよい距離

誰にでも、1人になりたいときがあります。かしこい人は、そういう微妙な気持ちをくみとるのにたけていて、上手に距離を取るのです。

「どうしたの？　話してごらんよ」なんて、落ち込んでいる人から無理矢理に理由を聞きだそうとする人を見かけます。親切のつもりかもしれませんが、もし相手がそっとしておいてほしかったなら、いい迷惑。

しかもそういう人にかぎって、相手に「大丈夫。なんでもない」と言われると、「何よ！　せっかく励ましてあげようと思ったのに！」なんて怒ります。

本当に相手のことを思っているなら、「なんでもない」と言われて怒るのは、変でしょう。親切な人だと思われたいという思いがあったのではないでしょうか。

✳それは、本当に相手のため？　たんなる好奇心？

79

「お陰さま」の魔法

運がいい人は、何かいいことがあったとき、それを「当たり前」と考えることがありません。

たとえば、Cさんが、社員旅行の幹事をしたときのこと。Cさんの段取りのよさとサービス精神のお陰で、旅行は大成功。参加者はみな口々にCさんを絶賛。

「Cさんご苦労様！　こんなに楽しい旅行は初めてだよ」

「とんでもありません。皆さんが協力してくださったお陰です。うまくいったのは皆さんのお陰です」

Cさんは、逆に参加者たちにお礼を言ったのです。仕事のあとも、旅行の準備に追われていたのを知っていたみんなは、手柄を自分のものにしない彼女の謙虚な姿勢に感動しました。普段、目立たないタイプのCさんが、その日から部署一番の人気者になりました。

「お陰さまで」の一言に、光が集まる！

80

大好きな人に「この人とずっと一緒にいたい！」と思われる決め手

自分のことを大切に思ってくれる人には、誰だって好感を抱きます。

では、「この人って、私のことを大切に思ってくれているんだなあ」と思われるポイントってどこでしょう？

それは、その人が大事に思っているものを大切にする、ということです。

たとえば、彼が田舎に住んでいるおばあちゃんのことが大好きで、とても大事に思っているとします。そして、

「夏休みはおばあちゃんに会いに行くから、君とはあまり会えない」

と言われたとしましょう。そんなとき、

「私のことは気にしないで。

これ、私からあなたのおばあちゃんへお土産。

とっても美味しい和菓子よ。楽しんできてね」

と笑って送りだせる彼女は、大いに感謝されます。

逆に、彼の気持ちを無視して、

「おばあちゃんと私と、どっちが大事なのよ！」

などと、自分の都合を押しつける女性は、いずれフラれてしまうでしょう。

サッカーが趣味の恋人がいるなら、彼がサッカーをしたり、サッカーの試合を観戦したりする時間を奪おうとしないこと。彼に何か夢があるなら、それを応援することです。

こうして、相手の大切なものを自分も大切に考えていくことで、たちまち好感を持たれるようになります。

相手の大切なものは、私にとっても大切。
大切なものが増えていくって、なんだかステキです。

81

あなたの発したものは、宇宙を巡り巡ってあなたに返ってきます。こんなふうに

運がいい人たちは、人のために何かをすることが好きです。旅行者に道を教えてあげたり、電車で席を譲ってあげたりするのは、彼らにとっては日常茶飯事です。

Ｔさんというまだ小さい赤ちゃんがいる女性は、赤ちゃんを抱っこして電車やバスに乗ると、必ずといっていいほど人に席を譲ってもらえるそうで、それを見た人が、「Ｔさんは運がいいよね」と驚くほどです。

でも、Ｔさんの運がいいのは当たり前なのです。なぜなら彼女は、赤ちゃんができる前に、電車やバスで、体の不自由な人やお年寄り、妊婦さん、小さい子供を連れたお母さんを見かけたら、必ず席を譲っていたから。

そのＴさんの思いやりが、巡り巡ってＴさんの元に戻ってきたのです。運には、そういう性質があるのです。

思いやりを出し惜しみしない！

82

あの人の心を
芯《しん》から温めてあげるには！

　幸運は明るいものが好き。運がいい人は、周りの人を明るくするのも上手です。

　人を明るくするには、ほめるのが一番。何をほめたらいいのかと悩む必要はありません。どんなにちょっとしたことでも、ほめられれば、みな嬉しいのですから！

「そのセーター、○○さんの優しい雰囲気にピッタリ」

「この間、私の友だちに○○さんの写真を見せたら、すごくキレイな人だって言ってたよ」

「今日の会議の○○さんの発言はよかった。感心した」

　パッと思い浮かんだことを、サラッと、そして次々に伝えてみましょう。ほめてほめて、どんどんほめて、周りの人を笑顔にしてみましょう。大切なのは、何をどうほめるかではなく、相手をハッピーにすることなのです。

＊私は爪の形をほめられるだけでも嬉しくなります。

83

過ぎたことに
クヨクヨしてしまうあなたへ

運がいい人は、終わってしまったことを振り返ってクヨクヨ悩むことがありません。

結婚を約束していた彼にフラれたのに、短期間で立ち直った女性がいます。

「普通、大失恋したら、相手を憎んだり別れたことを後悔したりして、何カ月も引きずる人が多いのに、どうしてあなたはこんなに早く立ち直ったのですか？」

彼女にこんな質問をしてみました。

「私だってショックで泣いた日もありました。

でも、別れたことをどんなに後悔しても、時間をさかのぼってやり直すことはできないんですから。

それより、短い間でも彼と幸せな時間を過ごせたことを感謝して、これからの自分に活かしていくほうが、ずっと建設的ですよね」

生きていれば、後悔するようなことや落ち込むことは、

たくさん起こるでしょう。

しかし、長い間クヨクヨすればするほど、幸運をのがすことになると気づいてください。

落ち込んでいる時間を、どれだけ短くできるか。

彼女がいつも魅力的で、幸せに恵まれているのは、いつまでもクヨクヨしていないところにあるのだと思います。

視線を上に向けてみて。
ほら、幸運が近づいてきているから！

84

会話が苦手なら…
話しベタさんの好感度アップ術

初対面の人と話すとき、好印象を持ってもらいたくて、何か面白いことを言わなくちゃと考えてしまうほうですか？　そしてうまく話せなくて、話が盛り上がらなかったら、反省して落ち込んでしまう……？

「話すのが苦手で、人と会うのすら苦痛です。上手に話すには、どうしたらいいでしょう？」

と、アドバイスを求められたら、私はこう答えます。

「それなら、相手に話してもらえばいいんですよ」

誰にでも、自分の話を聞いてもらいたいという欲求があります。ですから相手の話をじっくりと聞いてあげれば、好印象を持ってもらうことは難しくありません。

「自分が４割話して、相手が６割話す」くらいに思っていると、話しやすい人だと思われるでしょう。

世の中、自分の話を聞いてもらいたい人が９割！

85

相手の話の中に探していた宝物が見つかったりします！

神様は、あなたがずっと探している疑問の“答え”を誰かの口を借りてあなたに伝えることがよくあります。

つまり、あなたと話している相手に、答えを言わせるのです。そしてその答えをしっかり受け取るには、聞き上手であることが大事。聞き上手になるポイントは……

1　相手の話の腰を折らない。

「え？　そうですかね？」「それは違うんじゃない？」

なんて言いたくなっても、まずは最後まで聞く。

2　話の途中で、あいづちを打つ。

「うんうん」「なるほど！」「それでどうなったの？」

自分の意見を伝えるのは、相手が話し終わって一息ついてから。これで、大事な情報をきちんとキャッチできるようになるし、あなたの印象もグッとよくなります。

宝探しだと思って聞いてみたら、ザクザク秘宝が！

86

なるほど！　たしかに！　その通り！

運がいい人の会話を聞いていると、すぐに気づくこと。

それは、相手の気持ちに共感するのがうまいということです。彼らの口からしょっちゅう出てくる言葉は、

「わかる、わかる」

「たしかに！」

「そうよね」

「なるほど！」

などなど。

「こんなに大変なことがあったんですよ」と言えば、

「そうですか。それは大変でしたね」

「こんなに嬉しかったんですよ」と言えば、

「そりゃあ、嬉しいですね！」と返ってきます。

「今日は暑いですねえ」と言われて、

「いえいえ、私は沖縄出身ですが、沖縄の夏の暑さはこ

んなもんじゃありませんよ。東京の暑さなんて暑いうちに入りません」

こう答えるのは、相手に共感するのがあまり上手ではない人です。そんなこと言っても本当に沖縄の夏のほうが暑いんだから、仕方ない……ですか？

たしかに、その通りです。でも、そういうときも、

「本当ですね。この暑さは東京の人には厳しいでしょうね」

というような言い方をすれば、相手や自分の感覚を否定することなく、共感することができます。

たくさんの人に共感することで、自分の人気をアップさせていけるのです。

✳挨拶は、意見を戦わせる場ではありません。
味方であることをアピールする場なのです。

87

いい関係をつくりたいなら触れないほうがいいこと

相手の話をじっくり聞こうとすると、ついやってしまいがちな失敗があります。それは――、相手にいろいろと質問するうちに、相手が触れてほしくないことまで、あれこれ詮索《せんさく》してしまうこと。

誰でも自分の話を聞いてほしいと思うけれど、なんでもかんでも聞いてほしいわけではありません。

「離婚の原因は、もしかして旦那さんの浮気？」

「暴力を振るわれたっていうウワサは本当？」

「ところで本当は何歳なんですか？　教えてくださいよ」

なんていうように、**学歴や出身大学、年収**などを聞くのもデリカシーに欠けています。

ちょっとした好奇心が、相手を傷つけてしまうことだってあるのです。

話を「聞く」のと、「聞きだす」のは、別物です。

88

選んではいけない“会話のテーマ”

　あまり親しくない相手には、重苦しい話をしないのも、会話の重要なポイント。**自分や家族の病気の話や、家庭内の問題、お金の悩み、政治や宗教関係の話**などがその代表です。そして女性がよくやる失敗は、**過去の恋愛や苦しい恋の経験**を話してしまうということ。
「私ね、前の彼氏に殴られて、肋骨《ろっこつ》が折れたことがあるの。もう、恋愛なんてこりごり」
「彼に借金があって、私もお金を貸しているの。でも、好きだから別れられないんだよね。あーあ」
　こんな話をしていたら、話しているほうも聞いているほうも、暗い気持ちになって、運の神様に好かれるどころか、どんどんツキを落としてしまいます。

いきなりの身の上相談は、「私は不幸よ」と宣伝しているようなもの。

89

本当に頭がいいから、言えること

運がいい人というと、どういうイメージですか？

ハツラツとして何でもできそうで、パッと見た目の印象は、しっかりした立派な感じでしょうか？　いえいえ、意外とそうではありません。

少しヌケたところがある雰囲気なのです。

「能ある鷹《たか》は爪を隠す」の精神で、少し無能なフリをするのが得意なのです。

たとえば、ＯＬのＦさんは、誰もが名前を知っている一流大学を出た秀才です。でも、それをちっともひけらかしません。

誰かと話していて、それがＦさんにとってはすでに知っている話でも、

「それ、知ってるよ」

とは言わず、楽しそうに会話を続けます。

相手が間違ったことを言ったときも、

「それって間違ってるんじゃない？　本当はこうよ」

という言い方はしません。

間違ったままでも問題ないことなら、そのまま何も言わずに会話を続けます。間違ったままだと、相手がこの先恥をかくかもしれないと思った場合だけ、

「あ、もしかして、それって○○のこと？

なんかその２つって似ていて、間違えやすいよね」

というふうに、さりげなく間違いを指摘します。

会話の中身が正しいかどうかより、相手が気分よく過ごすことのほうが大切だと考えているのです。

知らないフリができる人は、相手を立てることができる人です。相手を立てる人は、人から好かれるので、運気を上げていけるのです。

知らないことを、素直に知らないと言える勇気も大事。

90

“同じ言葉”をつかうと、どんどん仲よくなれる！

　本当に頭のいい人は、難しいことも、誰にでもわかる簡単な言葉で説明することができます。わかりやすい言葉で話すことは、話す相手の立場に立った思いやりといえます。
「今度の打ち合わせだけど、ちょっと都合が悪くなっちゃったから、リスケしてもらってもいい？」
「リスケ」というのは、「リ・スケジュール」を縮めた言葉で、「再度日程を調整する」という意味です。
　普通に、「もう１回、日にちを再調整してもらってもいい？」と言えばいいことを、わざわざわかりにくい言葉をつかう人は、「みんなの知らない言葉をつかうなんて、気が利《き》かない」なんて思われていたりします。
　ほんのちょっとの配慮が、あなたの株を上げるのです。

✳ 人は、自分と同じ言葉を話す人に親近感を覚えます。

91

スポットライトを当ててあげよう！

誰でも、会話中は、無意識のうちに「私の話を聞いてほしい」という気持ちになるものです。

ですから相手に気持ちよく話してほしいなら、主役を譲る気持ちが必要です。

自分は脇役であり、主役は、あくまでも相手だと思うことで、自分が話しすぎたり余計なことを言って後悔したりすることを防げます。

会話中はつねに「相手にスポットライトを当てる」という意識を持つようにするといいでしょう。

口をはさみたいのをグッと我慢して、相手を立てる。そうやって、少し大人になるだけで好感度の高い、ステキな女性になれるのです。

ただし、グチや悪口を長時間聞くのは心にマイナス。
そういう場合は、早めに切り上げたほうがいい。

92

丸ごと、全部、受けとめる

運がいい人は、他者をあまり批判しません。

あの人は性格がいいとか悪いとか、あの人はあそこを直したほうがいいとか、そういう批評家めいたことは言わないのです。

１人ひとりの個性を丸ごと受けとめて、

「あの人って、ああいう人だよね」

と客観的な視点を持ってはいますが、そこにいいも悪いもないと考えるようです。

この考え方をしていると、他者を悪く言うことがなくなります。悪口を言わないだけでなく、実際に他者への不平不満も感じにくいため、心にストレスをためることもありません。

それに対して、人を批評するのが大好きな人がいます。

「経理のＳさんって、なんか感じ悪いよねえ。暗い感じがするよねえ」

「新しい派遣のＣさんって、派手すぎると思わない？職場の雰囲気に合っていないよね」

そうやって裁判官にでもなったように他者を批評するのです。

面白いことに、そういう批評家タイプの人は、あまり他人をほめることがありません。

そのため、どうしても心にはマイナスのエネルギーが渦巻いています。

誰にでも好き嫌いはあるでしょう。でも、それを口に出すと自分の運がダウンするのなら、その考え方を変えたほうがいいと思いませんか？

運がいい人の考え方をマネて、他人を批評する習慣を捨てれば、あなたの運はアップするのです。

✳他人のやることに○×をつけない。

93

人の夢を応援すると あなたの可能性は無限に広がる！

　がんばっている人から夢について相談され、アドバイスを求められたとき、
「そんなの無理だよ」
「やめておいたほうがいいよ」
　と止めますか？　それとも
「あなたならできるよ。がんばって」
「こうしたら、うまくいくんじゃない？」
　と応援しますか？
　内容によると思うかもしれませんが、たとえあなたにとってどんなに無謀に見えることでも、相手に、やる気や勇気が湧いてくるような言葉をかけるのが、運がよくなるアドバイスです。**そもそも、相談に来ている人というのは、本当は前に１歩踏み出したいのです。**
　でも怖いから、背中を押してくれる一言がほしくて、相談に来ているのです。

「こんな人を知っているけど紹介しようか？」
「この間読んだ雑誌にそのことが載っていたよ」
「私で力になれることがあったら言ってね」

こんなふうに、応援すると同時に役立つ情報を惜しまずに提供するから、運がいい人の周りにいる人は、どんどん成功していきます。

運がいい人の周りに成功者が多いのは、こういう理由があったのです。そしてその成功した人たちが今度は、情報をくれた人に、いい情報を運んできて恩返ししようとします。こうして幸運のスパイラルをつくってしまえば、とどまることを知らない勢いで、あなたは自動的に運がよくなっていきます。

周りを助けるほど
あなたの願いもかないやすくなるのです。

94

100人の大物のハートをつかんだ電話のルール

たくさんの有力者との人脈を持ち、大勢の友だちやカッコいい恋人に恵まれ、いつも幸せそうにしている女子大生がいます。彼女に、人付き合いで気をつけていることを聞くと、こんな返事が返ってきました。

「とてもシンプルなことです。それは、目の前の人を大切にするだけです。

そのために、私が決めていることは、『**人と会っているときは携帯電話に出ない**』ということ。

誰だって、自分と話しているのを中断して、携帯電話を優先されたらいい気はしませんよね。その基本を守っているだけです。あと、話すときは、ちゃんと相手の顔を見ます。上の空で聞くのは失礼だと思うから」

「100人に好かれたい、人気者になりたい」
そう思うなら、今、目の前にいる1人を大切に。

95

これこそ本当に運を味方につける究極のハッピー法則

運をよくしたいなら、誰かに何かをしてもらうことより、誰かに何かをしてあげることを考えましょう。

あなたの口グセが、

「どうしてしてくれないの？」

「してほしいなあ」

なら、今のあなたは与えてもらうことばかりを考えています。

その口グセを、こう変えることで、あなたは与える側の人間になることができます。

「私に何かできることはない？」

「よかったら私がやりましょうか？」

そのとき大切なのが、見返りを求めないこと。

「私がしてあげたんだから、あなたも××してよ」

と、見返りを求める心の中には、我欲があります。欲にはマイナスのエネルギーがあるので、せっかく親切にしても、運が下がってしまうのです。

人に何かをしてあげるときは、気軽な気持ちで、自分のできる範囲で行なうのがいいでしょう。

「よかったらどうぞ」

運がいい人たちを観察すると、この「見返りを求めない優しさ」をたくさん持っていることに気づきます。

彼らは毎日、小さな優しさをたくさんの人にふりまいています。

その優しさが、宇宙を巡り巡って大きな運となって戻ってくるのです。

お金も幸運も、もらおうとするより、
与えようとするところに、集まるものなのです。

（了）

本書は、本文庫のために書き下ろされたものです。

みるみる
運《うん》がよくなる本《ほん》 スペシャル

著者　植西　聰（うえにし・あきら）
発行者　押鐘冨士雄
発行所　株式会社三笠書房
〒102-0072 東京都千代田区飯田橋3-3-1
電話　03-5226-5734（営業部） 03 5226-5731（編集部）
http://www.mikasashobo.co.jp
印刷　誠宏印刷
製本　宮田製本

ISBN978-4-8379-6471-1 C0130

王様文庫

王様文庫

話し方を変えると「いいこと」がいっぱい起こる!

植西 聰

Uenishi Akira

見た目、性格よりも、話し方が大事!

話し方で、幸運を呼び寄せるってどういうこと?

言葉は、心の状態・考え方を切り替えるスイッチです。

✦愛・友情・仕事がうまくいく!

✦元気になる! キレイになる!

✦つまらないトラブルにさようなら!

言葉には、あなたの抱える悩みを解決し、好きな人を振り向かせるパワーだってあるのです。

こんなとき、なんて言う?

- あいさつのあとに続ける一言は?
- 「好き」と言わずにその想いを伝える一言は?
- 相手を怒らせずに、反対の意見を伝えるには?
- 相手を誘うのに、いちばんいい口実は?
- ケンカをせずに、すむ方法は?

魔法のようによく効いて、すぐに役立つ言葉のバイブル

K10006